KB203405

현대 고려인 인물 연구 2

고려인의 고향 : 러시아 극동 연해주

지은이　**트로야코바 Т.Г.**

전 러시아 극동연방대학 국제관계학부 교수
러시아과학아카데미 산하 세계사연구소 역사학 박사
극동의 국제관계와 고려인을 연구 중이다.

옮긴이　**한희정**

동국대학교 대외교류연구원 연구원
러시아 모스크바국립대학교 문학 박사
한인 이주, 러시아 민족의 언어와 문화를 연구 중이다.

현대 고려인 인물 연구 2
고려인의 고향 : 러시아 극동 연해주

초판 1쇄 인쇄 2022년 2월 18일
초판 1쇄 발행 2022년 2월 25일

지은이	트로야코바 Т.Г.
옮긴이	한희정
펴낸이	윤관백
펴낸곳	돌선출판 **선인**
등 록	제5-77호(1998.11.4)
주 소	서울시 양천구 남부순환로48길 1(신월동163-1) 1층
전 화	02)718-6252/6257
팩 스	02)718-6253
E-mail	sunin72@chol.com

정가 24,000원
ISBN 979-11-6068-678-4 94900
ISBN 979-11-6068-676-0 (세트)

이 저서는 2016년도 대한민국 교육부와 한국학중앙연구원(한국학진흥사업단)의
해외한인연구사업의 지원을 받아 수행된 연구임(AKS-2016-SRK-1230003)

· 이 책에 실린 글과 사진 등 내용에 무단 전재와 복제를 금합니다.
· 잘못된 책은 바꾸어 드립니다.

동국대학교 대외교류연구원 연구총서 9
동국대학교 인간과미래연구소 연구총서 7

현대 고려인 인물 연구 2

고려인의 고향 : 러시아 극동 연해주

트로야코바 Т. Г. 지음 ┃ 한희정 옮김

간행사

　'현대 고려인 인물 연구'는 2016년 한국학중앙연구원의 '한국학 특정 분야 기획연구 해외한인연구' 과제로 선정되어 3년 동안 러시아와 중앙아시아 각국의 한인들이 "현재 어디에서 어떻게 살고 있는가"를 종합적으로 살펴본 결과물이다.

　160여 년 전 궁핍과 지방 관료의 탐학을 피해 두만강 너머 러시아 연해주로 이주한 한인들의 후손인 고려인들은 지금 4, 5세대를 넘어 6, 7세대까지 이어지고 있다. 첫 이주 당시 13가구 40여 명으로 출발했던 고려인 디아스포라는 현재 50만여 명을 헤아리고 있다.

　구소련 시기 소비에트 공민으로 독자적 정체성을 형성해 왔던 고려인 사회는 1991년 소련의 해체로 인해 대격변을 맞이했다. 소련은 해체되어 15개의 공화국으로 분리되었고 예전의 소련 공민들은 러시아 국민으로, 카자흐스탄 국민으로, 우즈베키스탄 국민 등으로 나뉘어졌다. 사회주의 사회에서 자본주의 사회로 변화하는 과정에서 이전의 생활환경이 송두리째 변화했다. 고려인들은 독립된 국가와 새로운 사회에 적응해야만 했다. 급격한 이주가 뒤따라왔다. 이전까지 자신들의 터전이라고 생각해왔던 집단농장과 도시의 직장을 뒤로 한 채 새로운 삶의 터전을 찾아 떠나기 시작했다.

모두가 고통스러운 시기였다. 구소련의 맏형이었던 러시아는 곧 모라토리움을 선언하고 기나긴 경제 침체로 접어들었고, 독립한 중앙아시아 국가들에서는 민족주의가 기승을 부리기 시작했다. 원래 그 땅의 주인이 아니었던 고려인들에게는 더욱더 고통스러운 시기였다. 냉전은 끝났지만 냉전의 그늘이 아직 드리워져 있어 역사적 고국으로부터의 충분한 도움도 기대하기 힘들었다.

하지만 변화와 고통은 누군가에게는 기회이기도 했다. 더구나 고려인들은 강제이주라는 극한의 고통을 슬기롭게 극복해낸 경험이 있었다. 시간이 흐르면서 러시아와 중앙아시아 각국의 고려인들은 서서히 자리를 잡아가며 그 국가와 사회의 각 분야에서 두각을 나타내기 시작했다. 정계에 입문하거나 관계에 자리를 잡기도 하고, 자본주의 사회에 적응하며 뛰어난 수완으로 괄목할 만한 경제적 성과를 이룩하기도 했다. 문화, 예술 분야에서 두드러진 성과를 내기도 하고, 올림픽과 세계선수권대회에서 메달을 획득하기도 했다. 구소련 시기에 이어 학계에서도 존경받는 학자들이 배출되었다. 이들은 각지에서 고려인협회 또는 고려인민족문화자치회 등을 조직하여 러시아와 중앙아시아 각국의 소수민족으로서 정체성을 확립해가고 있다.

이 학술총서는 오늘날 러시아와 중앙아시아 각국에서 두각을 나타내고 있고, 소수민족으로서 고려인 사회를 이끌어가고 있는 이들이 누구이며, 어디에서 어떻게 활동하고 있고, 그들의 미래는 어떠할 지를 연구한 결과물이다.

고려인들의 현재 모습을 종합적으로 연구하기 위해 지역적 특성과 세대적 특성으로 구분하는 연구방법을 동원했다.

지역은 다음과 같이 크게 8개로 나누었다.

① 러시아의 중심 - 모스크바와 유럽 러시아, ② 고려인의 고향 - 러시아 극동 연해주, ③ 중앙아시아로부터의 탈출구 - 시베리아 일대, ④ 새로운 삶을 찾아서 - 남부 러시아, ⑤ 강제동원의 땅 - 사할린, ⑥ 강제이주 된 터전에서 1 - 카자흐스탄, ⑦ 강제이주 된 터전에서 2 - 우즈베키스탄, ⑧ 재이산 - 대한민국과 유럽, 미주의 고려인.

세대는 다음과 같이 3세대로 나누었다.
① 은퇴한 원로들 - 선배세대, ② 왕성한 활동 - 기성세대, ③ 고려인의 미래 - 신진세대.

위와 같은 연구방법을 통해 3년 동안 연구한 결과물을 지역별로 1권 씩 총 8권의 학술총서를 저술했다. 러시아로 작성된 총 7권의 학술총서 는 고려인 디아스포라에 관심이 있는 연구자, 일반대중, 관련 기관들이 그 내용을 쉽게 이해힐 수 있도록 한글로 번역했다.

총 8권의 학술총서는 동일한 연구방법과 서술체계를 갖추고자 했지 만 지역적 특성의 차이, 고려인들의 지역별 분포의 차이, 공동연구원들 의 서술 경향 등에 따라 각각 공통된 형식과 내용을 가지면서도 차별성 도 가지고 있다.

본 사업단은 학술총서를 통해 고려인들의 정체성에 대한 이해를 높 이고, 한국인과 고려인들의 상호관계를 정립하는데 기여하고, 더 나아가 한국과 러시아 및 중앙아시아 각국 관계의 미래에 기여하고자 했다. 그 래서 본 사업단은 고려인과 관련하여 보다 많은 내용들을 조사하고 정리 하여 서술하고자 했다.

그러나 러시아와 중앙아시아에 널리 분포되어 있으며, 끊임없이 유동 하는 고려인 인물들을 객관적이면서 종합적으로 조사하고, 이를 총서로 작성하기에는 많은 한계가 있었다.

　나름의 성과와 기여에도 불구하고 내용의 부족, 자료의 부정확, 번역의 오류 등 학술총서의 문제점은 본 사업단, 특히 연구책임자의 책임이다. 이에 대한 질정은 앞으로 고려인 연구에 더 매진하라는 애정 어린 채찍질로 여기고 겸허히 받아들이고 한다.

2022년 2월
연구책임자

목차

1부

러시아 극동 한인 디아스포라의 역사와 현재

서론

러시아 극동이 러시아 한인 형성과 활동 과정에 있어 중요한 역할을 하는 데는 몇 가지 요인이 있다.

첫째, 러시아 제국의 극동지역에 거주하다가 1937년 대규모로 강제 이주된 후 1990년 초 다시 극동으로 되돌아온 한인과, 오늘날 그들의 활동상과 관련된 역사적 특징이 그것이다.

극동 연방관구에는 러연방 한인 거주자의 1/3이상이 살고 있다. 2010년도 러연방 인구총조사 자료에 따르면 한인 총 151,156명 가운데 러시아 극동에 거주하는 한인의 수는 56,973명에 달한다.[1] 사할린 주에 거주하는 한인 총 24,993명 중 24,752명이 러시아어를 구사한다. 러시아어를 할 줄 모르는 한인들에 대해 추측하건대, 연해지역에는 중앙아시아 국가로부터의 이민자들이 많으나 사할린지역으로는 최근 몇 년간 러시아 한인의 편입이 적었다는 점을 들 수 있다. 하지만 추측일 뿐이다.

---

[1] Всероссийская перепись населения 2010. [Электронный ресурс]. URL http://www.gks.ru/free_doc/new_site/perepis2010/croc/perepis_itogi1612.htm

다만 현재 러시아 극동에 거주하는 러시아 한인 수는 2010년도 인구총조사 자료 수치를 웃돌 거라는 점이다. 정기적인 인구총조사 시행은 관련된 일련의 제약 때문에 늘 실제 상황을 정확하게 반영하는 것은 아니기 때문이다.

둘째, 러시아 한인들은 극동 연방관구의 사회경제적 활동에 적극적으로 참여해 한국과 북한간의 지역 수준 향상과 관계 발전에 중요한 역할을 하고 있다. 현재 단계에서 러시아 극동과 북한의 경제적 관계는 다양한 형태의 노동력 활용에서부터 시작해, 아무르주, 연해주, 하바로프주, 사할린주와 체결한 경제협력합의서 내용의 시행 단계에 이르기까지 발전하고 있다.

양국 간의 관계가 정상적 궤도에 오르면서, 특히 1990년 러연방과 대한민국의 외교관계가 재개되면서 러시아 한인들은 양국 간 관계를 견고히 하는 적극적인 조정자이자 참여자 역할을 톡톡히 해내고 있다. 러시아 극동에는 영사관에서부터 통상대표부, 기업, 사회단체들까지 다양한 연구소들이 운영 중에 있다.

본 논문은 사회문화적 변화의 새로운 경향 조성의 역사적 전제조건과 러시아 극동에 거주하는 러시아 한인의 최근 문제점들에 대해 살펴본다. 특히 사회 경제적 변화 분석과 지역의 새로운 사회문화사업 조성에 집중하고자 한다.

본 논문의 목적은 러시아 극동에 거주하는 러시아 한인의 독특한 정체성 형성 과정을 밝혀내는 데 있다. 연구과제는 첫째, 러시아 극동에 거주하는 한인 주민의 역사적 특성 분석, 둘째, 공적 기관과 공공연구소 활동을 기반으로 한 대한민국과 북한과의 관계발전에 있어 러시아 한인의 역할 연구이다.

러시아 극동지역 한인 디아스포라의 사회문화적 통합과 정체성 형성은 반대전략, 격리전략, 회고전략, 간접적 자기확립전략 등 다양한 확인 방법을 통해 실현된다. 해당 지역 한인 디아스포라의 사회경제적 자치성과 문화적 독창성 정도에 따라 다인종공동체의 연합과 사회문화적 분화가 진행된다. 이는 디아스포라가 분리될 때가 아닌 고립상태를 유지할 때 가능하다.

지역 한인 집단의 주된 문화적 분화는 러시아 한인들의 자기정체성에 있다. 이는 현재의 민속적, 방언적 분류 조건이 되며, 이주하게 되는 지역과 모민족과의 정보 교류의 긴밀함과도 연관이 있다. 사회문화적 통합의 장애물은 다민족공동체에서뿐 아니라 한인 디아스포라 내부에도 존재하는 각양각색의 차이점들로 인해 발생한다.

지역 러시아 한인의 사회문화적 통합 방식을 연구하기 위해 필자는 두 가지 원칙을 기반으로 사회문화적 접근법을 활용해 보았다. 첫째는 전통적 구성요소와 새로운 구성요소가 동시에 존재하는 문화에서 서로 다른 토대를 결합하는 원칙이다. 둘째는 문화적 우위에 의한 사회적 교체 원칙으로, 이는 한인 디아스포라 형성의 역사적이고 범문화적인 조건을 구별해내는 원칙을 포함한다. 러시아 사회 속에서 변환 중에 있는 한인 디아스포라 정체성 형성의 특이점을 밝혀내는 데 비교분석법, 사고분석법, 내용분석법이 사용되었다.

러연방의 다양한 주체들 중 한인의 공통성을 경험론적으로 연구하는 것이 오늘날 학계에서 지배적이다. N.F. 부가이, T.V. 볼코바, V.M. 김, 노용돈은 사회문화적 통합과정을 한인 디아스포라의 이주 결과라고 본다.[2] 오늘날 로컬 민족집단 통합 문제의 사회적 실현은 학문적 완

---

2) Бугай Н.Ф. Российские корейцы: новый поворот истории. 90-е годы. М, 2000; Бугай Н. Российские корейцы: перемены, приоритеты, перспектива. М.: 2014; Волкова Т.В. К 140-летию переселения корейцев в Россию. Российские корейцы: к вопросу о

성도가 불충분하다고 본다. 예컨대 러시아 사회 내 사회통합과정 조절 문제나 러시아 한인정체성 형성문제는 책 제목을 정함에 있어 제약을 받았다.

самоидентификации // Этнографическое обозрение. 2004. № 4;Ким В.М. Свои среди чужих. // Российские корейцы. 2000. № 5; Ло Ён Дон. Проблема российских корейцев: история и перспективы решения. М., 2005.

제1장
러시아 한인 정체성 형성의 역사적 특성

연구과제의 해결을 위해 본 장에서는 19세기 후반에서 20세기 초에 걸친 지역 이주 과정과 관련된 주제를 살펴보고자 한다. 1860년 베이징 조약 체결 후 러시아는 협소한 땅을 배정 받아 그곳에 주로 군인, 관료, 유배지 죄수들로 구성된 러시아인들을 거주시켰다.

한인들의 자발적인 러시아 이주는 사회경제적 요인과 관련이 있었다. 그들에겐 무엇보다 생계수단이 필요했다. 그 이후에 형성된 한인 디아스포라는 정치적 요인의 결과였다. 한인 소수민족의 탄압과 강제 이주로 그들은 일정한 사회 민족집단으로 분류되었으며, 제한된 지위로 인해 독자적인 사회문화적 발전을 도모할 권리를 상실하게 되었다. 하지만 이는 장차 한인 디아스포라의 형성과 문화적 독창성 유지 조건으로서의 고립경향성을 야기해 한인 디아스포라의 사회문화적 붕괴 요소와 고유의 정체성 형성의 전제조건이 되었다.

일련의 이주 흐름의 합류점이 이주민 형성과정의 주된 특징이었는데, 예로 대한제국의 경우를 들 수 있다. 이주활동성은 한편으로는 어려운 사회적 경제적 상황과 국내 정치적 민족적 억압과 같은 부정적 상황을 자극했으며, 다른 한편으로는 러시아에서 보여준 새로운 가능성을 탐색하는 계기를 마련해주었다. 1861년 4월 승인된 «동시베리아 아무르주와 연해주의 러시아인과 외국인 이주 규정»은 외국인 유입에 활기를 띠게 한 법적 토대가 되었다.

한인들은 19세기 중반 러시아 제국 극동변강지역으로 이주하기 시작하였다. 조선 정부의 도피라는 정치적 배경 속에 유즈노우수리스크변강이 러시아 제국에 합병되었다. 한인 이주민들은 분여지를 제공받아 농사를 짓고 살았는데, 주로 유즈노우수리스크변강의 포시에트 지역이었다. 이주가 대규모로 진행된 것은 1869년부터 1884년 사이의 일이다. 1884년 이전까지는 러시아와 조선 간 외교관계가 체결되어 있지 않아 당시 한인의 연아무르주 이주는 비공식적 성격을 띠었다. 1890년대 초반부터 한인 이주민의 수가 증가하였으며 도시로도 확산되었다. 이후에도 한인 이주민 수는 상당한 규모에 달했으며 이는 러일전쟁, 1차 세계대전, 혁명적 사건들과 관련이 있었다.

한인 이주민에 관한 혁명전 자료 소개

19세기 후반 차르 행정부에는 이미 국무원, 관료, 군인, 평론가와 같은 직업이 등장하였다. 그들이 맡은 업무의 특성상 한인 이주민들과의 직접적인 접촉 경험이 필요했으므로 수행 과정에서 개인적인 관찰은 물론 공식적인 자료가 활용되기도 하였다. 그들의 노력 덕분에 한인 이주민들의 대규모 프리모리에 이주 원인과 사회적, 경제적, 법적 배경을 알 수 있게 되었다. 논문은 다분히 실질적이고 통계적인 자료로 가득하며,

이는 차르 정부의 이민정책 진화 추이를 규명해 줄 뿐 아니라 사회적, 역사적 현상의 본질을 파악하고 고찰하는 데 도움을 줄 것이다. 또한 본 자료는 한인 이주 역사 이해에 필요한 중요한 사료가 될 것이다.

1885년 I. 나다로프는 우수리스크변강에 관한 글을 발표하였는데 한인의 러시아 극동 이주 관련 문제가 러시아 제국의 국가적 중요성 차원에서 조명되어 있었다.[1]

저자들의 관점을 토대로 문헌을 크게 두 그룹으로 두 그룹으로 나눌 수 있다. 하나는 한인 이주민들에게 호감을 가지고 그들을 보호하려던 그룹에 의해 생산된 문헌이고, 다른 하나는 '황색식민지화'에 반대하며 한인 이주를 제한하거나 금하려 했던 그룹에 의해 생산된 문헌이었다.

첫 번째 그룹 저술 가운데 중요한 위치를 점하는 것은 동방학자 세묜 바실리예비치 네다친의 연구물로 한인은 러시아 극동 이주에 가장 적합한 이민자 그룹 중 하나임을 입증하고 있다. 그는 러시아 극동의 한인문제 조정에 관한 구체적인 빙안을 제시하였다.[2]

두 번째 그룹의 대표적 저자는 19세기 후반 연해주 총독을 지냈고 1905년부터 1910년까지 연아무르 군사총독을 역임한 P. F. 운테르베르게르를 꼽을 수 있다. 그의 첫 번째 저술에는 프리모리예 한인 이주민에 대한 주지사의 신중한 자세가 그대로 드러나 있다.[3] 그의 두 번째 책은 러일전쟁 패배 후 씌어졌는데 극동의 패권주의를 끊은 일본의 조선 강점, 프리모리예로의 제2차 한인 이주 러시에 대해 기록하면서 한

1) И. Надаров. Материалы к изучению Уссурийского край //Сборник географических, топографических и статистических материалов Азии. 8ып.26. СПб., 1887. 0.91-150.

2) Недачин С. Корейцы-колонисты. К вопросу о сближении корейцев с Россией. - Восточный сборник, издание общества русских ориенталистов 1913г.

3) Унтербергер П.Ф. Приморская область 1856-1898 гг. - СПб. 1900.

인 이주에 반대 입장을 밝혔다.[4]

프리모리예 한인 이주에 관한 방대한 통계자료는 F. 베벨과 A. 라고자[5]의 저서에 포함되어 있다. 이 두 저자는 자신의 업무 때문에 한인 이주민들과 직접적인 접촉이 불가피했으며, 자신의 저서에 개인적인 관찰기를 쓰기도 하고 공식적인 자료를 남기기도 하였다.

다수의 혁명 전 지식인들이 그랬던 것처럼, 이 두 저자도 태평양 연안에서 러시아의 지위 강화를 위해 러시아 이주를 확대해야 한다고 믿었다. 이와 관련해 그들은 한인과 중국인의 러시아 이주를 불허하면서 강경한 입장을 취했다.

특별위임 고등관리직을 역임한 N.A. 나세킨은 프리모리예 한인 이주의 역사, 경제, 생활양식에 대해 상세하게 기술했다. 그는 1884년 이후 러시아 영토로 이주한 한인들 가운데, 서울과 페테르부르크 간 협정과 연아무르 군사총독 지시 내용에 입각해 한국으로 돌아가야만 하는 한인들의 본국 이주에 반대했다. 그 요청이 받아들여져 한인들은 러시아 신민권을 받게 되었다. 나세킨은 행정기관에 대해서는 물론, 한인 이주민에 대한 지리적이고 민족적인 개괄과 학교 교육의 필요성에 대해서도 썼다. 1869년 가을부터 1870년 겨울 사이에 일었던 한인들의 대규모 유즈노우수리스크 이주를 서술하면서 나세킨은 이러한 움직임의 원인 중 하나는 «본국에서는 자신의 재산은 물론 목숨도 관할할 자격이 상실된 것과 달리 러시아에서는 공민권을 획득할 수 있다는 확고한 믿음이 있었기 때문이다.»[6]라고 썼다.

---

4) Унтербергер П.Ф. Приамурский край 1906-1910 гг. - СПб. 1912.

5) Вебель Ф. Поездка в Корею// Русский Вестник. 1894. № 10. С. 115-153; А. Рагоза, Краткий исторический очерк переселений Корейцев в наши Пределы //Военный сборник. СПб., 1903. №6. С.206-222.

6) Н.А. Насекин. Корейцы Приамурского края //Труды Приамурского

아무르탐험대 저술은 러시아 극동의 한인, 중국인, 일본인 역사에 관한 중요한 사료이다. 이것은 1909~1910년에 참여한 아무르탐험대 책임자 중 한명인 V.V. 그라베의 보고서이다.[7]

블라디보스토크 동방학연구소 출신이자 아무르탐험대 대원인 육군 중위 V.D. 페소츠키가 «프리모리예의 한인 문제»[8]에 대한 보고서를 작성했다. V.D. 페소츠키는 한인의 이주 규모와 한인들이 파종지에서 거둬들인 수확량에 관한 다량의 상세 자료를 인용하고, 한인에 관한 결정 등을 수렴하는 법 조문을 발췌해 제시하고 있다. 예를 들면, 최초 한인 거주지 중 하나인 티진헤 마을에 관한 자료를 제시하고 있다.

혁명 전 저자들은 대개 한인 이주와 러시아 극동 경제발전에의 의의를 긍정적으로 평가하고 있다. 동시에 극동 변경으로 러시아인들을 이주시키는 문제에 더 주목해야 한다고 강조하였다.

한인의 러시아 이주문제를 주제로 러시아 저자가 쓴 일련의 저서 가운데 A.I. 페트로프의 단행본 «1860~1890년 러시아 극동의 한인 디아스포라»을 주목해 볼 필요가 있다.[9] A.I. 페트로프는 한인 이주 역사가 2단계로 나눠진다고 본다. 1단계는 1860-1884년까지이고 2단계는 1884-1897년까지이다. 그 분계점이 1884년 6월 25일에 있었던 러시아와 조선 정부 간의 외교관계 수립이다. [10]

Отдела Императорского Русского географического общества 189» Г. Хабаровск, 1896, С. 1-36.

7) В.В. Граве. Китайцы, корейцы и японцы в Приамурье //Труды Амурской экспедиции. Вып. XI. СПб., 1912.

8) В.Д. Песоцкий. Корейский вопрос в Приамурье //Труды Амурской экспедиции. Вып. XI. Хабаровск, 1913.

9) А. И. Петров. Корейская диаспора на дальнем Востоке России. 60-90-ые годы XIX века. – Владивосток: ДВО РАН, 2000. – 300 с.

10) Там же, с. 68.

공식적인 날짜를 추정하는 중요한 근거는 보관소 문서이다. 바로 극동러시아국립역사문서보관소 저자그룹이 출간한 문서모음집 «러시아 극동의 한인들(19세기후반부터 20세기초반)»에 관한 이야기다.[11]

이 문서모음집의 첫 사료가 바로 «올덴부르크 대장이 이끄는 연해주 동시베리아 국경부대 소속 감찰관이 1864년 9월 25일부터 작성한 보고서»이다.[12]

오늘날 러시아의 한인 이주는 공식적으로 1864년에 시작되었다고 알려져 있다. 이와 관련해 최근 러시아 한인 자발적 이주 140주년, 150주년 행사를 다양하게 마련했었다. 하지만 당시에도 연아무르 군사총독부의 한인공동체는 1914년 한인의 연아무르주 이주 50주년을 맞아 기념탑 설립을 계획했었다. 이주기념일을 축하하기 위한 위원회가 조직되었으며 한인 농촌공동체와 블라디보스토크시, 니콜스크우수리스크시 한인의 당선대표자대회가 개최되었다. 하지만 연해주 총독 육군소장 A.D. 스타쉡스키의 반대로 기념일 축하행사가 허용되지 않았다.

한인 이주의 주된 원인은 힘든 경제적 상황을 타개하려는 열망에서 비롯된 것이었다. 이 시기 한인 이주는 '노동'과 '농사'의 성격을 띠었다. 이주민의 주성원은 한인 극빈 농부들이었다. 이 사람들이 러시아로 자신의 전통문화를 가져왔다. 러시아와 국경을 맞닿은 곳에 조밀하게 모여 살면서 조선의 자국 동포들과 정기적인 교류를 함으로써 따로 러시아어를 익혀야 할 필요도 없었다. 하지만 러시아 제국의 신민권 획득을 위해 한인 이주민들은 정교로 개종을 해야 했다. 러시아어와 러시아 문화에 젊은 한인들의 참여를 유도하기 위해 러시아 정부와 지방 행정

---

11) Корейцы на российском Дальнем Востоке (вт. пол. XIX – нач. XX вв.). Документы и материалы. – Владивосток: Изд-во Дальневост. ун-та , 2001. – 380 с.

12) Там же, с. 17.

부는 교회와 학교를 주요 본부로 활용했다.

1890년대 초 대부분의 한인 이주촌에는 교구학교와 교육학교가 있었다. 러시아어를 아는 한인들은 좋은 일자리를 얻었고 당시의 신분 카테고리 내에서 러시아 사회의 자격을 갖춘 일원으로 제 역할을 다 할 수 있었다. 학교는 러시아와 한국 문화를 연결하는 고리와 같은 역할을 했다.

한인들 사이에 큰 문제가 된 것은 정교의 확산이었다. 우선 세례를 신민권 획득의 절차로 오해하는 경우가 허다했다. 정교는 한인 사회에 서서히 뿌리를 뻗어나갔다.

한인들은 가능한 한 민속 풍습과 전통적 생활양식을 보존했다. 판자집과 바닥에 연도를 깐 주거형태를 갖추고 있었다. 조선 시골마을에는 길이 없어 정비된 유용지 한 가운데 집이 들어섰다. 한인들은 전통적인 음식문화도 지켰다. 당시 한인들은 러시아 음식과도 접촉을 했으며 러시아인들 또한 김치와 전통적인 한국식으로 요리한 식물성 식료품을 식생활에 활용했다. 러시아와 한국 문화 간의 상호 침투는 러시아 극동에 거주하는 농민들의 일상 활동 전분야에 걸쳐 일어났다.

문화적 측면에서 유즈노우수리스크변강에 살았던 한인들은 그들 고유의 정체성을 간직했다고 확신할 수 있다. 물론 경제적 이해관계가 그들로 하여금 러시아에 남도록 만들었다. 우수리스크변강은 노동력이 부족해 수렵과 어로, 제염뿐 아니라 건설과 생산 등의 분야에서도 한인 이주민들의 참여를 유도해야 했다. 러시아 한인들은 양국 간의 무역을 관리하고 확대시켜나가는 데 중요한 역할을 해냈다.

19세기 한인공동체의 자체 조직은 두 그룹으로 나눌 수 있다. 농촌 자치회 같은 농촌지역의 공공관리소가 첫 번째 그룹에 속한다. 도시의 공공자치회가 두 번째 그룹에 속한다. 이들의 주된 기능은 단체의 업무를 정비하고 행동 수칙과 규정을 정립하고, 그 준수 여부를 감독하는 것이었다. 당선된 관리들은 행정국과 접촉하여 세금을 징수하고 자선의 목적이든 기타 목적이든 자금을 분배하고 집회를 개최해 거주지의 위생 상태를 감독했다.

한인 공공관리소는 《연해주 중한단체 구성을 위한 임시규정》을 토대로, 더 나은 이주민 관리 감독과 거주 등록, 사회적 요구조건을 충족시키는 수단을 마련하기 위한 목적으로 1891년 블라디보스토크에 설립되었다. 한인단체는 면 단위로 나뉘어 확산되었고, 면 자치관리소가 도입되었다. 모든 성인 이주민들은 당선된 책임자들과 회합을 가졌고 그것을 통해 그들의 삶은 조정되었다.

한인 자치회는 조선에 있는 공동체 조직을 상당 부분 베껴온 것이었다. 이는 낯선 민족문화 환경에서 살아남기 위한 효과적 방법이 되었다. 1897년 한인 자치회는 공식적인 기념행사를 가졌지만 계속해서 미등록 상태로 존재했다. 한인 자치회에 대한 러시아 당국의 이중적 태도도 고스란히 지속되었다. 한편으로는 한인들에게 법을 적용하고 통제하는 것이 종종 불가능했기 때문에 러시아 행정 당국이 관심을 나타냈으나, 다른 한편으로는 당국이 볼 때 한인의 단합을 가능케 하고 정부의 영향력이 제한을 받게 되는 조직의 존재가 위험해 보이기도 했다.

20세기 초반 한인 민족공동체의 수는 일본의 조선 강점 이후 증가했다. 한인 정치적 망명가들이 러시아에서 활발하게 활동을 했다. 그들 단체의 주요 기능은 한국 내 일본 통치세력에 대한 투쟁과 항일을 위한 단결 강화였다. 도시와 시골지역은 물론 분과 지부망 체계도 갖추고 있었다. 주로 연해주와 아무르주에 배치되어 있었다.

한인 공동체 연합의 역사는 아직까지 충분히 연구되지 못했다. 여전히 연구해야 할 많은 문제가 남아 있으며, 연구가 충분치 못한 시기도 적지 않다.

한인 이주민들은 단결에 강한 욕구를 보였다. 해당 분야 단체는 관리 및 재판기능을 수행하면서 동시에 러시아 당국의 제재와 통제를 견제하였다. 러시아 행정국은 사실상 시골 지역에 거주하는 한인들의 자치회를 지역 관리시스템에 포함시켰다. 자치회가 러시아 신민권자들의 자치 조직이기 때문이었다.

1904-1905년에 걸친 러일전쟁 종식 후 일본의 한국보호 통치가 조직돼 한인 이주민 물결이 러시아로 넘쳐났다. 1910년 한국 강점은 일본 식민 정책의 논리적인 결과라 할 수 있다.

사할린 한인의 역사는 한인들이 더 나은 삶을 찾아 조국을 떠난 19세기 후반에 시작된다. 러일전쟁에서의 승리 후 일본은 남사할린 영토의 통치권을 획득하였다. 포츠머스조약 제9항에 입각하여 북위 50° 이남의 국경을 지나갔다. 1907년 일본 천황령으로 사할린섬에 «카라후토» 총독부가 설치되어 1943년까지 식민지로, 1943년 4월 1일부터 공식적으로 일본 당국 소속이 되었다. 남사할린을 획득한 후 일본은 적극적으로 이주 행정을 펼치기 시작했다. 초기에는 주로 일본인들을 섬으로 이주시켰다. 처음에는 남사할린에 상대적으로 적은 수의 한인이 거주했다. 1910년 카라후토에 살던 한인은 모두 33명이었다. 1915년에도 그 수는 여전히 똑같았다. 한인 이주민의 수적 증가는 1920년 이후 시작되었다. 1921년부터 1925년사이에 한인 이주민 수는 467명에서 3,533명으로 증가했다. 셀룰로이즈 제지 산업과 뒤이은 석탄 산업의 발달은 한국에서 데려온 방대한 규모의 값싼 노동력을 필요로 했다. 석탄 산업의 급격한 발전은 1930년대 후반에 시작되었다. 높은 임금과 상대적으로 짧은 작업 기간이 한인들의 주의를 끌었다. 계약기간이 끝나면 대개 한국으로 돌아갔지만 일부는 사할린섬에 남았고, 남아 있는 그들에게 한국에 있는 가족이 오기도 했다. 1942년 2월부터 1944년 9월까지 《국가의 조직적 징용[관알선 - 역자 주]》이 전개되었으며, 일본 정부는 노동 부역 기관을 자처하였다. 이때부터 일본과 카라후토에서 한인 강제 동원이 본격적으로 시작되었다.

1925년 베이징조약 체결 후 북사할린은 일본 통치로부터 벗어났다. 일부 한인들은 대표자 자격으로 북섬에 남기로 했다. 1931년 인구총조사에 따르면 북사할린섬에 거주한 한인은 총 1,767명이었다. 이들은 주로 어업과 수공업에 종사했던 사람들이며 석탄 석유 산업 종사자도 있었다. 하지만 1937년 북사할린 한인 주민도 강제 이주 대상이 되었고 1,155명만 남게 되었다.[13]

러시아 영토에 한인 정치적 망명자 수가 많아지면서 한인 이주민 구성에 변화가 일었다. 그들은 다양한 조직으로 통합했다. 연아무르 군사총독부 행정국과 러시아 제국 행정부는 자국의 한국 및 중국 접경지역에서 항일운동가의 군사적 행동을 지원해주지 않았지만 블라디보스토크는 미국의 샌프란시스코, 중국의 상하이와 더불어 한인의 정치적 망명 해외 중심지 중 한곳으로 부상했다.

1904년 한국에서 조직된 《국민회》는 오랜 시간 지속되지 못했으나 미국에서 재조직되었다. 1909년 러시아에 12개의 도시분과가 결성되었고 1914년에는 시베리아와 극동 블라디보스토크에 본부를 두고 시베리아영토관리국을 단체의 수반으로 삼는 분과가 33개에 달했다. 한인 민족단체는 민족교육과 수공업 발전, 자유조절, 민족평등, 한국의 독립 회복과 민족번영에 목적을 두었다. 《국민회》 극동분과는 폭넓은 문화계몽 및 경제활동을 펼치는 것 외에 한인 이주민을 항일투쟁에 동

---

13) Кузин, А. Т. К истории политических репрессий и депортации сахалинских корейцев // Вопросы современной науки и практики. - 2010. - Вып. 4-6. - С. 290-299.

원하였다.[14] «국민회» 분과 업무의 첫 단계에 많은 항일 독립운동 지도자들이 적극적으로 참여했다. 그들은 만주와 한국의 민족 조직과 관계를 유지하면서 한인 지역 이주민들 사이에서 활동했다. 한인 이주민들 사이에서 미국의 종교적 영향력이 커지면서 러시아 행정국과 극동의 정교활동가들은 미국인 선교사 활동과 미국 «국민회» 지도자에 대한 긍정적 경향성을 무력화시키기 위한 행사를 주최했다. 당시 러시아 한인들 사이에 팽배했던 응대방식과, 미국의 이해관계에 맞춰 «국민회»를 이용하려던 시도에 반대하는 극동 당국의 다른 대책은 러시아 극동에 있는 공동체의 영향력 약화를 불러왔다. 장로교를 받아들였던 한인들도 정교로 개종을 하기에 이르렀다.

조선의 독립투쟁을 위해 민족 애국 세력을 겸비한 새로운 형태의 조직을 찾아 1911년 11월에 설립된 것이 «권업회(노동발전회)»이다.

러시아 관료들 중에는 한인들이 여러 차례 요청한 바와 같이 합법적 한인단체 규약을 러시아 당국이 승인하는 것만이 극동의 한인들을 일본인과 미국인들의 영향력으로부터 보호하고 그들을 러시아로 이끌 수 있는 유일한 방법이라 생각하는 사람들이 있었다. 선포된 조직의 목적은 일반적 성향을 띠었다. 권업회 지도자들 중 일부는 러일전쟁 전에 이미 프리모리예로 와 러시아 신민 지위를 취득한 자들이었다. «권업회» 구조상 지도자들은 극동에 있는 한인 기업의 형성을 돕고 러시아 당국과의 관계 수립을 도모하는 일을 했다. 그 밖에 그들은 한인들의 지역 자치회 참여를 쟁취하기 위해 노력했다. «권업회» 몇몇 열성분자들은 빨치산 부대원으로 항일 독립운동에 가담했으며 나머지는 한인 이주민들을 대상으로 한 문화 계몽 사업에서 항일활동을 전개해 나갔

---

14) Пак Б.Д. Корейцы в Российской империи. Иркутск, 1994. С. 180.

다. 규약에 따르면 러시아 신민권을 지닌 한인만이 《권업회》 회원이 될 수 있었다. 하지만 《권업회》에 가입하고자 하는 한인들 중에는 정치적 이유로 조선을 떠나와 러시아 신민권을 가지고 있지 못한 경우도 있었다. 《권업회》 규약은 회원들에게 성실한 노동을 호소했으며 노동의 경제적 법칙을 익히고 위대한 러시아 시민이 지녀야 할 인식과 감정을 연마시키려 노력했다.[15] 하지만 권업회 규약에 단체 활동을 상당히 억압하는 항목도 있었다. 규약 제6항을 보면 단체의 분과를 개설할 수 있는 지역은 프리모리예 내로 국한되어 있다. 규약 제8항에는 초 중등 교육기관 학생과 육군, 해군 복무중인 병사들은 단체 가입 자격이 없다고 명시되어 있다. 권업회는 불시에라도 러시아 행정국의 명령으로 폐쇄 가능했다. 이런 모든 제약에도 불구하고 권업회는 폭넓은 계몽활동과 경제활동을 전개해 나갔다.

항일운동 지도자들은 《권업회》를 항일투쟁에 이용했다. 1914년 일본 정부가 러시아 정부에 《권업회》회원의 항일활동 관련 자료를 제시하면서 폐쇄를 요구했다. 1914년 8월 단체의 블라디보스토크 분과가 폐쇄되었고 뒤이어 다른 모든 분과들도 폐쇄되기에 이르렀다. 하지만 《권업회》는 사라지지 않고 니콜스크우수리스크와 다른 군소재지 등지에서 1917년까지 계속해서 활동을 이어나갔다. 하지만 지도부의 활동 합법화 노력은 성과 없이 끝나고 말았다. 이 조직은 이후 독립 조선의 운명에 영향을 미친 사상 형성에 지대한 공헌을 했다.

행정국이 접한 이러한 경험들은 소비에트 시절 유익하게 활용되었다. 특히 연방구성원 한 사람 한 사람이 소중했던 전쟁 상황에서 러시아 한인 이주민들은 2월 혁명의 승리 소식을 활기차게 받아들였다. 소

---

15) Пак Б.Д. Корейцы в Российской империи. Изд. Иркутск, 1994. С. 186.

비에트가 구성되어 관련 행사가 개최되는 것을 환영하면서 말이다. 한인 이주민들도 이제는 새로운 러시아라는 환경 속에서 자신들의 단체를 조직하기 시작했다.

1917년 5월 니콜스크우수리스크시에서 전러한인대표자회의가 개최되어 100명 이상의 한인들이 만주를 포함한 각지에서 모여들었다. 여기에는 《권업회》 전회원도 적지 않았다. 회의에서는 전쟁문제, 임시정부에 대한 한인 이주민의 관계문제, 러시아화와의 투쟁문제, 한인학교와 한인 자치회 개혁문제, 창립총회 때 한인대표부 문제 등이 논의되었다.

이렇게 많은 시간과 많은 사람들이 모여 회합이 진행되었다는 사실 자체만으로도 러시아 한인의 정치적 인식이 성장한 예라 볼 수 있다. 최초의 독립된 한인 이주 형성으로부터 시작해 지역조직의 탄생에 이르기까지…… 게다가 조직 발전의 다양한 안을 모색하던 중 러시아에 거주하는 한인들을 위해 전러 한인조직을 만들자는 제안이 들어왔다. 대표자회의는 임시정부에 축하 전문을 보내고, 정책과 승리할 때까지 전쟁을 계속한다는 결정을 지지하면서 한인들에게 '문화자치구'를 제공해 줄 것과 창립총회에서 한인이주민대표자에게 한 자리를 내어줄 것을 정부 측에 요청했다. 교회로부터 학교가 분리되는 개혁안이 받아들여졌으나 대표자회의 지도자들은 한인학교에서 주요과목으로 모국어를 가르쳐야 한다는 소수의 시도에 반대하며 한인학교의 근본적인 개혁문제를 대담하게 제기하는 것을 꺼려했다.

대표자회의의 다수를 차지하던 민족부르조아 분자들은 한인 민족공동체의 전러중앙집행위원회를 구성하고 니콜스크우수리스크에 거처를 마련했다. 최초의 한인 중앙조직 의장은 '문창범', 부의장은 '한명세', 출판기관 편집장은 '청구신보' 윤해가 맡았다.

볼셰비키를 지지하던 혁명적 기류의 대표자들도 회의에 참석했다. 다수 의결을 얻지 못하자 그들은 회의장을 떠났다. 많은 한인 이주민공동체를 이끈 것은 민족주의자들이지 혁명주의자들이 아니라는 사실을 보여준다.

회의장을 떠난 대표자 대부분이 러시아 신민이 아니었다. 대표자회의에서는 민족자결권 문제와 식료품 문제, 토지문제, 한인 이주민과 학교 관리문제도 논의되었다. 극동에 조성된 정치적 상황은 한인의 적극적인 민족운동 전개를 가능케 했으며 한인 디아스포라가 일본식민주의에 저항해 프리모리예에 독립운동을 펼칠 강력한 본거지 중 한 곳을 조성하게끔 도왔다.

이렇게 1850년 말부터 1917년까지 비교적 짧은 기간 동안 정부의 몇몇 상호작용 모델의 사실상 한인 이주민의 공식 승인을 받았으며 이는 거주와 경제 활동을 규제했던 법 규정의 변화로 나타났다.

한인 이주민들은 경제적 공간에서 성공적으로 사회화되었다. 경제 발전에 있어 그들의 역할은 외국 기업과 상공업 분야에서의 자본투자, 외국인 노동력이 노동시장에 미치는 영향과 같이 두 가지 관점에서 볼 수 있다. 그들은 기업 자본과 노동력을 채워 넣음으로써 러시아 주민의 인구통계학적 포텐셜의 부족분을 채웠고 도시 경제의 많은 부문에 발전을 가능케 했다. 따라서 한인 이주민은 러시아 극동의 경제 발전과 계발에 기여한 바가 크다고 하겠다.

1917년부터 1922년까지는 프리모리예 역사에 있어 특별한 시기이다. 2월 혁명과 10월 혁명, 제1차 세계대전이 진행 중이었고, 내전이 시작되었으며, 외국의 군간섭은 지역 삶의 불안요소가 되었다.

1917년 혁명과 내전의 발발 요인은 국내나 해외 역사학자들의 이목을 꾸준히 끄는 테마이다.

이 시기 대규모 이주는 자연발생적 현상이어서 통계를 잡기도 힘들 정도이다. 이 시기를 즈음해 한인의 대규모 러시아 이주가 진행되었다. 1917년 연해주 남부 농촌지역에 5만 2,300명의 한인이 거주 등록되어 있었다면 1923년에는 그 수가 9만 1,600명으로 늘어났다.[16]

한인 중 정치적 망명자는 지역에서 피난처를 얻었을 뿐 아니라 러시아 당국의 비호도 받았다. 물론 소비에트 당 엘리트와 코민테른 지도자의 경우 협력관계가 유지되었으므로 그들에 한한 조치였다. 조선혁명과 빨치산 운동 가담자들은 소련 땅에 있으면서도 자주 당과 정부의 통제에서 벗어났다. 그들은 수차례 국경을 넘나들었고 비밀리에 협의회를 조직했으며 군자금을 모았고 무기를 사들였다. 그러한 한인 혁명가들의 활동은 불만을 불러왔으며 소비에트 정권을 자극하기에 이르러 프리모리예 한인 이주민과의 관계까지도 영향을 미쳤다.

프리모리예 한인의 주요 다수가 농사를 지어 소득을 얻던 시기이다. 1929년 기준, 총 인원 12만 9,673명으로 구성된 2만 3,283 한인 가구가 농경제 분야 노동에 종사했다.[17] 1930년에는 한인 농민이 전체적으로 집단화되었다. 한인 농민에 대한 부농 재산 몰수를 동반한 탄압은 그들 중 다수로 하여금 접경지대를 떠나게 만들었다.

중앙 정부와 지방 정부는 한인문제를 프리모리예 한인 이주민의 무단 이주 행렬을 중지하는 방법과 그들 중 일부는 극동의 다른 지역으로 이주시키는 방법 등 두 가지 방식으로 해결하려 노력했다. 외국인이 국경을 무단으로 침범하는 것을 단호히 금지한다고 명시했으나 농촌소비

16) Кремлянский С.Е. Национальный состав сельского населения Приморской губернии // Экономическая жизнь Приморья. Владивосток, 1924. №4(8). С.33.

17) Ткачева, Г.А. В условиях неравенства // Россия и АТР Владивосток. 1994. № 2. — С. 79—87. С.82.

에트는 불법적으로 입국한 자들을 숨겨줄 책임이 있었다. 하지만 1920년대 국경수비대는 한국으로부터 밀려드는 이주민 행렬을 더 이상 저지할 수가 없었다.

한인의 토지정리 난점은 소비에트 공민권 부여시에도 그대로 반영되었다. 소비에트 정권 초기에는 프리모리예에 파종한 한인 노동자를 위해 1918년까지 이 절차의 시행 순서를 단축시켜 주었다. 소비에트 공민권 접수신청서 양은 매년 수천 건에 달했고 정부 당국은 그것들을 다 살펴볼 시간적 여유조차 없었다. 1926년-1927년 전러시아공산당(볼셰비키) 극동변강위원회가 한인 토지정리의 민감한 문제와 관련해 그들에게 소비에트 공민권 취득을 제한하고 금지하는 결정을 내렸다. 일부 카테고리에 속하는 한인을 제외한 모두에게 내려진 결정이었다. 전러시아공산당(볼셰비키) 당원과 선출된 소비에트 기관원 등에 한해 예외를 둘 뿐이었다.

일부 한인 농민을 프리모리예 남부지역에서 극동 타 지역으로 이주시키려는 시도도 동시에 진행되었다. 한인들은 블라디보스토크 관구를 떠나 다른 곳으로 이주하라는 결정을 부정적으로 받아들였고 자신이 닦아놓은 터전을 떠나는 것에 반대했다. 이와 관련해 최초로 강제 이주 시도가 전개되었다. 부농에 대한 재산몰수와 집단화를 피해 프리모리예 시골마을에서 도주한 한인들이 국경에서 억류되었다.

소비에트 행정국도 제국시대 행정국처럼 한국에서 온 '황색' 이주민이 넘쳐나는 것에 대해 우려가 많았다. 이 문제는 지방에서 중앙을 거쳐 다양한 단계의 정부기관에서 수 차례 논의되었던 것이었다. 1926년 1월 5일 한인은 변강의 심각한 위험요소이므로 《한인과 중국인의 소비에트 영토 유입을 금하는 가능한 모든 조치를 수렴한다》라는 결정이 내

려졌다.[18]

지역 당 조직은 '불온한', '일본앞잡이' 한인들에게 소비에트 공민권을 매우 조심스레 제시했다. 이는 일본의 군정간섭과 같은 객관적 이유와 연관이 있었다. 군정간섭은 한인의 독립운동을 억압하고, 프리모리예 한인들을 습격하고, 강점기 때 자국의 이해관계에 따라 일부 한인들을 이용하는 형태로 나타났다.

조선공산당 중앙뷰로 당원 한명세는 한인 자치주 창설을 제안하면서 민족문화 분자를 구성하는 한인 이주민은 일본앞잡이의 발원지 청산을 위해 스스로 주도적 입장을 취해야 한다고 강력하게 주장했다. 하지만 그의 구상은 현실화되지 못하고 말았다.

한인 이주 문제와 소비에트 시기 그들의 지역 존재 가능 여부가 최종적으로 철회된 것은 강제이주 때문이었다. 1937년 9월부터 10월 사이 특별히 조직된 열차의 객차에 17만 2천여 한인들이 실려 극동에서 중앙아시아와 카자흐스탄으로 내보내졌다. 1937년은 소비에트 역사에 대규모 테러와 탄압의 해로 기록되었으며 소련 한인 연대기에 가장 비극적인 장으로 남았다.

소련 인민위원소비에트와 전러시아공산당(볼셰비키) 중앙위원회의 1937년 8월 21일 공동 결정 "극동변강 접경 지역으로부터 한인 이주민의 이주에 관하여"에 몰로토프와 스탈린이 서명함으로써 모든 극동 한인들의 이주가 결정되었다. 이 결정의 서문에 보면 한인 이주는 «극동변강의 일본 첩자 유입을 근절할 목적»으로 계획된 것이라 적고 있다.

1937년 9월 28일 소련 인민위원소비에트는 추가로 "극동변강 영토로부터 한인 이주에 관하여"라는 결정을 몰로토프와 페트루니체프가

---

18) Бугай, Н.Ф. Корейцы в СССР: из истории вопроса о национальной государственности // Восток. 1993. №2. C. 152.

서명함으로써 골짜기 구역과 주와 인접한 구역을 포함한 극동변강 전역에서 전체 한인을 예외 없이 이주시키는 것을 승인한다. 이와 같은 정부의 결정으로 러시아 중앙 여러 도시에 거주하거나 학업 중이던, 독일 나치와 이탈리아 파시스트의 스파이 활동 의혹을 살 수 있는 한인들을 적발, 억류, 체포하여 이주시켰다. 이와 관련해 "예방"과 "외국 스파이 근절"이라는 인용 문구는 중요하고도 유일한 이주 이유로 일부 연구자들의 견해로는 설득력이 부족하고 근거가 충분치 못하다.

1930년 초반 극동의 국제정세가 악화되면서 소비에트 정부는 국경을 차단하고 경비를 강화하고 접경지역 규정을 시행하면서 '원치 않는' 이주민을 말끔히 제거해야만 했다. 여기에 소련 공민 가운데 일정 정도 '불온한' 카테고리에 속하는 자들과 외국인이 포함되었다. E.N. 체르노루츠카야는 «극동으로부터 한인과 중국인 이주민을 이주시키는 것은 이 정책의 논리적 완수였다»고 썼다.[19]

1937년부터 1938년사이 일본과의 전쟁을 준비하는 상황에서 소련 정치 지도부는 극동의 대외 이주 문제를 본질적으로 해결했다. 극동지역의 주요 구역으로부터 전략적으로 대규모의 한인을 중앙아시아로 이주시키는 것이었다. 극동 남부에 살던 일부 중국인들도 함께 이주되었다.

소련 극동지역의 대외 이민을 조정하는 임무를 띤 국가기관 시스템은 1930년 완전히 중앙집권화된 구조를 갖추고 당국의 중앙상부기관의 지령에 따라 움직이기 시작했다.

1937년까지 이주민에 대한 공민증 작업이 마무리되어 거주등록 규정을 어기면 행정적, 형법적 책임을 더욱 엄격하게 물었다. 제국시대 러시아 정부기관은 모든 러시아인과 외국인 공민의 인당 등록에 관심

---

19) Чернолуцкая, Е.Н. Вытеснение китайцев с Дальнего Востока и депортация 1938 г. // Проблемы Дальнего Востока. 2008. № 4. С. 133 – 145.

을 두었지만 소련의 공민증 개혁 1기인 1932년에는 거주등록이 정부가 소비에트 공민 혹은 외국인 공민 개개인의 지위에 정부의 영향력을 행사하는 중요한 도구로 사용되었다.

1937년 9월 한인 이주가 시작되었다. 소련 인민위원소비에트와 전러시아공산당(볼셰비키) 중앙위원회의 공동 결정 제1428−326호 «극동변강 접경 지역으로부터 한인 이주민의 이주에 관하여»에 스탈린과 몰로토프가 서명함으로써 17만 2천 명의 한인이 극동 접경지역에서 중앙아시아의 새로운 거주지로 이주되었다. 전러시아공산당(볼셰비키) 중앙위원회 정치국의 1937년 8월 21일자 결정 제P51/734호에 따르면 «극동변강의 일본 첩자 유입을 근절할 목적으로 다음과 같은 조치를 취한다…. 극동변강 접경지역에 거주하는 모든 한인 이주민을 이주시킨다…. 남카자흐스탄주 아랄해 구역과 발하시, 우즈베키스탄으로 전거시킨다».[20]

1937년 7월 7일 일본 군대가 청을 침공하고 한국은 일본의 식민지였던 당시 상황이 강제이주의 동기가 되었다. 극동변강 한인들에게 공민으로써 적에 대한 공모죄를 묻지는 않았다. 친일본정부 만주고의 전(前) 공민들과 동청철도 전(前) 직원들도 강제이주 대상이 되었다(1937년 9월 20일자 내무인민위원회 명령 제00593호).

1937년 봄부터 프리모리예 한인들 사이에 일본 폭파 움직임과 한인 일본첩자에 관한 글이 중앙지에 게재되기에 이르렀다. 1937년 3월 23일자 «프라브다»지에 한인 집단농장원이 한인첩자를 잡았다는 기사가 등장했다. 소비에트 공민 한인들이 적을 식별하는 법을 배웠다. «소비에트 한인 애국자가 자기 민족의 적을 해당기관에 넘겼다». 이미 이주

---

20) http://www.memo.ru/history/document/corea.htm Решение Политбюро ЦК ВКП(б) № П51/734 от 21 августа 1937 года.

결정 후인 1937년 9월 4일자 《이즈베스티야》지는 접경지역 한인집단
농장 《보리바》 농장장 김익선의 도움으로 만주고에서 일본인들이 파견
한 한인첩자를 국경수비대가 체포했다고 전했다. 강제이주 전 내무인
민위원회 기관들은 1937년 탄압의 물결이 아직 뚜렷한 상황인데도 대
대적인 탄압에 들어갔다. 혁명 후 시기에 등용된 전러시아공산당(볼셰
비키) 지도자들은 거의 남김 없이 제거되었다. 사실상 모든 한인 적군
지휘관이 여기 포함되었다. 코민테른 모든 한국분과가 철폐되고 고등
교육을 받은 한인 대다수가 체포되었다. 강제 이주기에 내무인민위원
회 기관들이 잡아들인 한인 수는 2천 5백여 명으로 이주가 결정된 자들
이었다. 극동변강 이주에 대한 결정이 승인되기 전 전러시아공산당(볼
셰비키) 기구부터 적군, 내무인민위원회 기관들, 인텔리겐치아, 평범한
공민들까지 사회 모든 계층과 권력구조를 아우르는 숙청과 탄압의 물
결이 수차례 반복되었다. 탄압받은 자들, 자살한 자들, 자신의 자리에
서 이동된 소비에트 공무원들을 새로운 노멘클라투라가 장악했다. 그
들에게는 소비에트 한인과 함께 일한 경험이 전혀 없었다. 이 상급기관
간부들은 중앙정부가 정해준 극동변강으로부터의 한인 이주 과제를 무
자비하게 실행에 옮기는 능력만 가지고 있었다.

한인 이주를 일본과의 강건한 동맹국 관계를 보여주기 위해 소련이
취한 하나의 '큰 정치적' 제스처 중 하나로 볼 수 있을까? 1937년 가을
에 전개된 한인 강제 이주는 소련이 민족적 특징에 근거하여 집행한 러
시아 내전 이후 최초의 강제이주가 되었다.

특별이주지의 제한된 경제적 사회문화적 여건 속에서 이 민족 집단
은 농업경제 분야에서 벽장과 같은 구실을 했으며, 이는 경제 고립주의
경향성을 낳고 한민족 디아스포라를 순응하게 만들었다.

명예회복이 된 후 다양한 경제구역 개발과 교육 받을 기회를 얻게

되어 한인단체 내 사회적 구조에 변화가 생겨났다. 변화는 사회적 문화적 통합 장애물을 파괴하고, 한인 디아스포라의 사회적 직업적 분화를 확립하였으며, 이는 스스로 사회문화적 통합요소가 되었고 민족동화 추세로 이어졌다.

러시아 내 한인 디아스포라의 형성요소는 영토적 인구통계학적 요소라 할 수 있다. 러시아 한인 디아스포라는 매우 다채롭다. 한인 이주방식과 그들의 거주지가 입증해준다. 극동으로 이주한 한인들은 주로 조선의 북쪽지방 출신들이었지만 사할린에는 남쪽 출신 이주민들이 살았다. 러시아에 유학을 갔다가 남아서 계속 살게 된 한인 디아스포라 구성원들도 작은 그룹을 이룬다.

1983년 인구총조사 자료에 따르면 소련 땅에서 한인(35만 명)이 가장 많이 사는 지역은 우즈베키스탄이다. 소련 붕괴 후 러시아, 카자흐스탄과는 달리 우즈베키스탄에는 강제 이주민에 대한 법령이 채택되지 않았다. 따라서 우즈베키스탄에 거주하고 있던 일부 한인들은 다른 비토착민들처럼 우즈베키스탄에서 다른 나라로 이민을 갈 수 있었고 그들은 1순위로 러시아와 카자흐스탄을 택했다.

극동으로부터 소비에트 한인의 강제이주를 야기한 현실적 원인 가운데 대외정치적 요소가 큰 역할을 했다. 세계 대전이 가까웠음을 직감하고 미처 준비가 안 된 자신들은 자각하면서 스탈린과 소비에트 지도부는 제국주의 경쟁국들 사이에서 술책을 부리면서 서양에서 독일의 히틀러가 그랬고 동양에서 일본 제국주의자들이 그랬던 것처럼 친교를 맺으려 노력했다. 일본과의 친교를 위해 양보는 불가피했으며 그 중 하나가 동청철도에 대한 권한 판매로 나타났다. 또 다른 양보가 항일성향의 한인을 극동변강으로부터 완전히 내쫓는 형태였을지도 모른다.

한인 디아스포라는 분산적 이주의 특징으로 차별화됨에도 불구하고, 러시아 남부와 러시아 극동지역에 집중적으로 거주지를 이루고 살았다. 유사한 체계는 동향인 모임이 있는 것과도 관련이 있는데, 이는 러시아 한인들의 단합심과 집단의 사회문화적 분리지향성을 뒷받침해 준다고 할 수 있다.

러시아 극동 한인 디아스포라의 인구통계적 변화는 중앙아시아 공화국들로부터 부득이한 한인 이주 행렬을 불러일으킨 정치적 사건과 관련이 있다. 이로 인해 한인 디아스포라가 수적으로 증가하게 되었다. 영토적 인구통계적 요소는 한인 디아스포라의 교류 특성을 규정하였으며 새로운 지역적 특성을 형성하였고 이는 민족동화적 추세의 진전에 이바지하였다. 뿐만 아니라 위에 언급된 요소들은 연해지역 거주 한인의 직업과 생산활동 방향에 영향을 미쳐 한인 디아스포라의 경제적 통합 수준을 규정하였다. 이 방향은 구체적 활동 유형에 소질을 보이는 역사적 소인과도 간접적인 연관이 있다.

한인 디아스포라가 연해지역과 하바롭스크변강에 조성된 데 영향을 미친 것은 한민족의 문화 유산과 전통뿐 아니라 다민족 환경으로 둘러싸인 점도 있었는데 이는 문화적 독창성 상실에 위협적 요소가 되었다. 하지만 1990년대부터 시작된 민족 부흥 앙양은 민족 전통으로의 회귀와 종교의식 행사 추세를 부추겼으며 민족주체성의 부활을 야기하였다. 러시아어가 우세하긴 하지만 이중언어사용은 러시아 한인의 민족 정체성을 증명해준다. 이 모든 요소들이 러시아 한인들이 극동지역에서 성공적으로 통합되는 과정을 주도한 문화적 독창성을 보존한 것을 보여준다.

러시아 극동에서 러시아 한인의 통합은 사회적으로 다종의, 민족간 혼인과 최소한의 자녀를 두고 사는 가족 수가 증가하면서 한인과 지역 주민간의 사회적 거리가 단축돼 야기된 것이다. 유사한 움직임은 경제적 요소로 인해 혹은 다른 민족문화적 전통의 영향을 받아 생겨나며 동화적 경향성을 조성하는 전제조건이 된다.

한인 디아스포라의 주된 문화적 차별화는 민족적 자기정체성에 있다. 이는 사할린 한인, 중앙아시아 한인, 러시아 한인 등 출신지역과 관련이 있는 실질적인 민속적, 방언적 분류 조건이 되었다. 한인의 문화적 차별성을 규정하는 또 다른 요소는 시간의 흐름에 따라 눈에 띠게 줄어 동화적 경향을 불러오긴 했지만, 모국 동포간 정보교류의 긴밀함에 있다.

러시아 극동 한인 디아스포라 형성의 특징은 한인들의 지역 분산거주에 있다. 이는 시골지역에서 경제적 고립주의 추세와 도시지역에서 문화적 동화의 원인이 되었다. 따라서 연해지역과 하바롭스크변강 한인 디아스포라의 사회적 직업적 분화를 불러왔다. 한인 디아스포라 내부의 성층간 차이는 사회문화적 통합의 장애물이 되어, 어떤 의미에서는 일종의 붕괴 요소가 다른 의미에서는 동화적 추세를 초래하였다.

따라시 지역 한인 디아스포라는 자치적 생활양식과 세계관을 가진 구성원으로 이루어진, 타문화의 뛰어난 면을 자기보존과 생활수단을 위한 수용체제로의 통합 목적으로 받아들인 민족 집단이라 할 수 있다. 이로써 러시아 극동 한인 디아스포라의 문화적 차별성과 사회문화적 통합기능 연구는 러시아 한인의 동화 추세 강화와 문화독창성 보존을 증명해준다.

지역 한인 디아스포라의 사회문화적 통합 토대는 사회문화적 정체성이다. 이는 역사적, 경제적, 사회정치적, 사회문화적 집합체를 통해 나타나는 '자신에게 비치는 상'과 '타인에게 비치는 상'으로 구상된다. 지역 한인 디아스포라의 사회문화적 정체성의 특징은 그것이 모민족 정체성과도 다르고, 수용공동체의 정체성과도 다른, 지역적 디아스포라 성향을 갖는다는 데 있다.

한인 디아스포라의 지역적 정체성은 인류유형, 아르툠시나 우수리스크시 등과 같은 집중적 거주지, 전통, 종교, 역사적 조국에 대한 사상, 과거에 대한 기억과 같은 인종통합적 요소의 총체를 통해 표현된다. 한인 디아스포라 구성원들이 유전적으로 물려받은 구별되는 특징은 러시아 한인의 정체성을 내면으로부터 보존하는 것을 더욱 강화하였으며, 연해지역과 하바롭스크변강에 사는 다른 인류유형들 사이에서 동화되는 것을 허용치 않았다.

다민족적 지역 환경 속에서 문화의 상호침투 현상에도 불구하고 한인 디아스포라 구성원들은 실생활에서 전통적 신앙과 의식, 조상 문화의 일부로 받아들이며 살았다. 지역 한인 디아스포라를 단합하게 하는 요소는 역사적 조국에 대한 사상과 과거에 대한 기억이다. 이는 타민족으로 둘러싸인 환경 속 사회문화적 사회화 과정에서 각 개인의 의식과 집단적 의식 속에 뿌리내려져 있기 때문이다. 그리고 이것은 민족집단의 내부적 통합을 일정 정도 도와준다.

이와 더불어 다수의 정체성 변화와 재생산을 위한 토대가 되는 일련의 요소들이 존재한다. 영토적 요소, 경제적 요소, 사회정치적 요소, 민족간 상호작용 같은 교류적 요소가 여기에 속한다. 역사적으로 한인 디아스포라는 고유의 영토를 차지한 적이 없으며, 한인의 민족집단 발전을 위해 영토문제에 큰 의미를 부여한 바도 없었다. 이는 국가정체성이 민족정체성 우위에 있다는 사실을 반증한다.

한인 디아스포라 구성원들은 현재 민족집단의 경제적 발전에 많은 관심을 갖고 있으며 이를 위해 직업의 다양한 분야에서 활동을 하고 있다. 집단 내에서 경쟁을 하고, 다른 지역 민족공동체와도 어깨를 겨룬다. 이는 민족집단의 사회적, 직업적 정체성 형성을 가능케 한다. 사회정치적 분야에서 한인 디아스포라의 정체성은 민족문화 통합의 창출,

사회정치단체에의 참여, 정부기관의 대표부, 관청 지방자치기구의 지원을 받는다. 민족간 상호작용에서 한인들은 실질적인 민족간 행동방침을 보여주고, 주로 민족 경계선상에 존재하는 교류를 위해 힘쓴다. 이것이 러시아 한인과 다민족으로 둘러싸인 경계를 약화시키고 사회적 거리를 좁혀주는 것이다.

극동지역 러시아 한인의 사회문화적 정체성 변화와 발전 과정 중에 관찰되는 것 중 하나는 민족정체성, 국가정체성, 직업정체성, 지역 디아스포라 성향이 지배적인 영토정체성의 구조를 갖는 다수의 민족집단 정체성이 형성된다는 점이다. 하지만 많은 사회문화적 정체성 내에는 엄격한 위계가 없어서 극동변강과 하바롭스크변강 한인 디아스포라가 다른 문화를 받아들이고 동화되는 추세를 보이게 되는 것이다.

위에 언급된 추세와 함께 한인 디아스포라 구성원들에게는 자기동일시 전략과 같은 반대 전략, 분리차별 전략, 회고전략, 간접적 자기확립전략을 통해 실현되는 동일화 수단이 존재한다. 반대 전략은 민족공통성, 정치제도, 법제도 혹은 사회문화적 고정관념이 '아닌 것'에 속하는 것은 자체적으로 격리하게 된다. 역사적으로 한인 디아스포라 개별 구성원들이 일정한 유형의 활동에만 소질이 있는 것과 관련된 경제적 고립성이 반대 전략을 증명해준다. 하지만 다양한 유형의 활동 능력은 통합적 경향으로 이끈다. 정치제도와 법제도에 대한 자체 격리는 한인들에 대한 정치적 탄압과 강제 이주, 차별정책의 결과로 빚어진 결과이다. 하지만 오늘날 세대교체가 일어나고 정치적 차별에 대한 기억이 희미해지는 상황에서 지역의 사회정치적 체제에 통합하려는 경향에 대해 한인 디아스포라의 대립적 요소는 나타나지 않는다.

자기동일시 과정에서 어느 정도 나타나는 한인 디아스포라의 자체 격리는 부정적인 민족 고정관념의 결과로 생겨난다. 그것들은 민족 집단에 대한 정보가 불충분하거나 정치적 문제로 발생한다. 최근 25년 동안 지역에 러시아 한인의 수가 현저히 증가하고 사회경제적 관계에서 경쟁이 확대된 것도 공동체와 수용집단 간의 장애물이 될 수 있다. 다행히 민족간 상호작용 과정에서 러시아 한인에 대해서는 긍정적인 고정관념이 형성되었다. 민족집단에 대한 고정관념은 주변의 도덕적 자질에 부합되기 때문이다. 따라서 한인 디아스포라의 다른 사회적 환경에 대한 자체 격리는 발현되더라도 상당히 미미한 정도일 것이다. 이와 같은 현상은 반대 전략이 구현될 때 예상되는 민족 집단과 수용공동체 간의 명백한 장벽을 구축하는 토대가 될 수 없다.

한인 디아스포라의 자기동일시 과정에서 구성원들은 분리전략의 특징인 공동체의 내적 수단, 내부 연락망, 연계에 크게 의존하지 않음을 보여준다. 사회적 여건에 의존하는 경우는 농촌에서 주로 나타나는데 러시아 한인은 도시에 분산 거주하면서 공동체 내부적 연계와 사회문제, 민족집단의 도덕적 규범에 대한 공통의 결정사항으로부터 사회적으로 독립된, 형식적이고 격리된 익명의 관계를 갖게 되었다. 내부적 연계의 상실은 혈연관계에서도 관측되는데, 알지 못하기 때문에 씨족사, 가족사에 대한 관심은 사라진다. 디아스포라는 수용공동체의 제도에 상응하는 고유의 사회제도가 없으므로 공동체 구성원들을 통제하지 않는다.

민족집단 구성원들의 내부적 전통과 제도에 대한 의존성은 분리전략의 특징이라 볼 만큼 중요한 요소가 아니어서 한인 디아스포라가 수용공동체와의 통합과 단결을 이뤄낸 것이다.

한인 디아스포라는 조상들의 전통에 기반하는데 그것이 부활된 것이 가족의례제도이다. 하지만 한국전통, 에티켓, 언어에 대한 지식이 부족해 선조들의 전통을 소중히 여기는 마음이 줄어들게 되었다. 민족 구성요소와 긴밀한 관계가 있는 신앙과 풍습도 다르지 않다. 신앙과 풍습 또한 민족 전통과 의례를 습득하고 보존하는 기능을 담당하기 때문이다. 의례를 보존하고 조상들의 신앙으로 되돌아가는 것은 의례절차이고 형식적인 부분이지만 대다수 한인들은 종교적 전통이나 의례제도를 일상생활에서 적용하며 살고 있다. 지역에서 선발된 한국 전통의 부활 주체는 자신의 이러한 활동을 합법화하기 위해 전통을 부활하지만, 대다수 한인들은 지역의 정치적 사회적 움직임에 무관심하다.

러시아 한인 몇몇 집단은 현대적 가치, 민주 제도, 소비자 이미지에 중요한 가치를 둔다. 산업화, 중앙집권화, 러시아어문화권 지배화와 같은 사회적 전개의 약화로 재전통화 메커니즘이 확산되었으며 이는 통합과 단결 추세를 불러왔다.

간접적인 자기 확립 전략에 존재하는 민족동화 현상은 민족적 특징을 자발적으로 혹은 강압적으로 거부하고 수용공동체의 특징을 받아들이는 것으로 발현되는데, 이는 특히 민족간 상호작용에서 볼 수 있다. 일상직 사회 활동에서 민족간 상호작용에 대해 긍정적인 자세를 취하고, 다른 민족구성원들과 함께 노동하는 것은 자기동일시 과정에 나타나는 적응과 동화 현상이다. 동화현상에서 중요한 지표는 언어이다. 러시아 한인들 가운데 한국어 구사자 수는 꾸준히 줄고 있으며, 한국어를 배우려 하지 않고 실생활에서 사용하지 않아 한국어의 중요성 또한 지속적으로 사라지는데 이는 극심한 언어 동화를 부른다.

위에서 언급된 각각의 전략에는 타협적이고 고립적인 동향, 통합과 단결 동향이 존재한다. 실제로 이러한 전략들과 마주할 일은 없으나, 간접적 자기확립전략 요소와 회귀전략 요소가 반대전략과 분리전략 요소보다 우위에 있다는 것은 언급할 필요가 있다. 한인 디아스포라가 지역의 사회문화적 환경 속에서 통합과 단결을 이뤄낸 방식이기 때문이다.

제2장

러시아 한인의 지역 정체성 형성에 있어 고려인 단체와 인물들의 역할

국가의 지역이민정책에 있어 주요 특징은 1937년부터 1988년까지 외국민의 소련 입국에 제한이 있었다는 점과 접경지대에서 특히나 엄격하게 차단이 되어 불법 이주 현상이 사실상 사라졌다는 점이다. 소련 정부는 해외 이민을 엄격하게 제한했는데 정부 기준에서 봤을 때 철저히 규정에 입각하고 통제가 가능한 노동 인력을 외국에서 도입하는 경우만 예외로 두었다.

러시아 극동 재러 한인의 사회단체 구성의 특징은 영토적인 재생산 뿐 아니라 정신적인 재생산의 제약도 받았다. 역사적 고향에 대한 집단적 생각과 환상은 정신적 재생산에 영향을 미쳤다. 사회문화적 변형 과정에서 적지 않게 중요한 역할을 한 것은 민족그룹의 집단적 기억이었다. 기억의 조건과 사회에서의 기능이 민족커뮤니티의 정체성 형성에 영향을 미치기 때문이다. 과거에 대한 집단적 기억은 현대 민족커뮤니티의 집단적 인식 구조 속에 존재하며 민족 대표자 한 명 한 명을 다양한 사회집단으로 이끈다. 과거에 대한 집단적 기억은 두 가지 유형을 지니는데 하나는 정보적 기억이고 다른 하나는 문화적 기억이다. 문화적 기억은 격식을 갖춘 전통을 필요로 한다. 정체성을 뒷받침하는 익숙한 시스템에 기반하고, 공식적으로 승인된 축제, 기념일 행사, 국가, 국가 상징물에 공식 인정된 형태로 고착되기 때문이다.

민족 정체성은 구상될 수 있다. 그 결과 자신들은 선천적이고 자연적인 관계로 연결되어 있다는 믿음을 바탕으로 한 상상의 커뮤니티가 만들어진다. 민족 정체성 형성에 영향을 미치는 요소로 민족 경계선, 문화사회적 거리, 민족 지위, 심리적 유사성, 문화 격차, 민족 행동 방향, 세계정세 변화 및 그와 관련된 민족간의 관계 변화, 민족 환경의 균질성 혹은 비균질성, 문화적 환경의 특수성을 들 수 있다. 민족간 관계를 구축하기 위해 가장 합당한 전략은 민족 정체성과 국민 정체성의 집성 전략이다.

본 논문에서는 《러시아 한인》, 《러시아어 사용자 한인》, 《한인 디아스포라》라는 개념이 주로 사용되고 있다. 학술용어로써 '디아스포라'는 뜻하는 바가 많으나 본 논문에서는 《한인 디아스포라》를 러시아 한인 집단으로 이해하면 되겠다.

디아스포라의 출현 원인은 다양하다. 이들은 다양한 이유로 조국을 떠나온 사람들이다. 디아스포라가 나타나게 된 보다 보편적인 이유는 전쟁과 민족간 갈등, 제노사이드의 위협, 강제 이주, 다양한 사회적 경제적 요소들의 작용 때문이다. 이 개념을 하나로 정의 내리는 것은 불가능하다. 사실상 모든 연구자가 자신의 정의를 내세우기 때문이다. 하지만 그렇게 내려진 정의에 공통점이 있다. 일반적으로 디아스포라를 인종, 민족 커뮤니티, 종족의 일부로 간주한다. 하지만 자신의 조국 밖에서 오랫동안 살았기 때문에 커뮤니티는 자신의 전통과 관습을 유지하기가 더 어려워진다. 따라서 특정 민족집단이라고 아무 집단이나 디아스포라와 연관 지을 수는 없다. 만약 그들에게 고유의 자주성을 보존하려는 내적 의지가 없다면 의미가 없기 때문이다. 그리고 이것은 나름대로 주어진 요구의 실현에 부합하는 조직적인 형태를 예견한다. 예컨대 디아스포라의 형성과 유지에 중요한 역할을 한 것은 종교적 요소이다. 디아스포라의 주된 척도는 민족 독창성 유지 분야에서 활동하는 사회 연구소이다. 본 논문에서도 공공기관 형태의 연구소군(群)에 주된 관심을 갖고 있다. 디아스포라를 사회적 접근 방식으로 정의 내리는 것을 지지하는 학자들은 디아스포라의 주된 일련의 기능을 다음과 같이 나눈다. «디아스포라의 보다 보편적 기능은 자민족의 정신문화를 지지, 발전, 강화하고, 민족의 전통과 관습을 배양하고, 역사적 조국과의 문화적 관계를 유지하는 일에 적극적으로 참여하는 것이다».[1]

디아스포라 활동은 민족문화자치회의 예처럼 그 기능을 조직적으로 보장하는 것과 연관이 있다. 달리 말해 자주성에 대한 내면적 자극과 요구가 없는 민족집단이라면 그 어떤 구체적 민족집단도 디아스포라라 간주할 수 없다. 디아스포라의 역사적 고향과의 관계 분석은 떠나온 국가, 디아스포라, 디아스포라를 수용한 국가에 크나큰 의미를 지닌다. 예컨대 대외 통상 분야와 국가간 경제적 배경에서 특히 그러하다.

민족집단을 사회적, 문화적으로 통합하는 문제는 민족정체성, 문화정체성 형성과정과 직접적인 연관이 있기 때문에 민족단체가 현재 속해있는 다민족 환경에서 자기정체성을 일깨우는 과정을 연구할 필요가 있다.

---

1) Ж. Т. Тощенко, Т.И. Чаптыкова. Диаспора как объект социологического исследования.// Социологические исследования. 1996 . № 12. c. 38.

'종족', '민족', '종족성', '민족성'과 같은 복잡한 개념을 정의 내리기 위해 우선 이런 카테고리가 국가의 민족정책과 국가제도 전반의 형성과 발전에 얼마나 많은 영향을 미치는지 먼저 이해를 할 필요가 있다.

민족과 종족 같은 카테고리와 그 상관관계 문제에 대한 학계의 일치된 견해는 없다. 종족과 민족, 민족국가라는 카테고리 구조에서 주된 것은 종족이다. 종족성이 반드시 고유의 민족국가 설립에 직접적인 연관관계가 있지는 않기 때문이다. 종족적이라는 개념의 뜻풀이를 위와 같이 하자면 문학분야에서는 반대의견을 불러일으키지 않을 것이다. 하지만 학술분야에서 분석하자면 이 문제를 다양한 측면에서 연구하는 학자들 각각의 근거와 입장에 따라 다르게 해석될 수 있다.

첫 번째 입장은, 민족은 무엇보다 '겨레, 국가를 구성하는 시민사회 공동체'라는 것이다. 이 개념의 강점은 문명화 과정에서 민주주의와 인도주의 원칙에 기반한다는 것이다. 이는 종족을 정책의 주체로 보는 것이 아니라, 일정한 문화 구현자로 관찰할 때 가능한 일이다. 이런 접근방식에서 종족적 요인은 사실상 배제되며, 인종사회적 동일성과 국가조성과 같은 민족의 특이한 징후는 드러나지 않는다.

두 번째 입장은, 민족에 대한 정의는 주관적 징후와 객관적 징후의 일치에서 접근해야 한다는 것이다. 그러니까 민족은 하나된 언어, 문화, 영토, 민족 자의식을 토대로 형성되었으며, 자결권과 고유의 국가제도와 민족영토 문화자치에 대한 권리를 가지고 있는 인종공동체이다.

태곳적 접근방식으로 보면 종족성은 유기적 형성체이다. 종족성과 민족성, 종족과 민족을 동일하게 보는 구성주의적 견해는 민족의 본성을 한 종족집단이 다른 종족집단에게 가지는 자의식, 개인의 단결심과 같은 지극히 주관적 요소에만 집중한다는 점이다.

구성주의적 관점에서 종족성은 문화적 뿌리는 가지고 있지 않은 새로운 사회적 구조이다. 실용주의의 변종인 주관적 관념론 신봉자들은 구성주의자들처럼 종족을 종족집단의 객관적 특징의 존재를 부정하는 인위적 형성체로 본다. 종족집단을 이해가 일치하는 공동체라 해석한 다면, 종족성은 집단의 이해, 정치적 투쟁에 있어서의 동원에 도달하기 위한 수단이라고 할 수 있겠다. 이 세 가지 접근 방식은 각자에게 유리한 논거체계를 갖추고 있다. 민족집단은 언어의 유사성과 기원이 비슷하고 현재까지 보존되어 있는 일련의 문화적 특수성을 가진 사람들의 집단이다. 사회과학분야에서는 '소수민족(종족)'이라는 개념이 사용된다. 이는 자신의 국가 이외 지역에서 살면서 자신이 살고 있는 나라 거주민 수에 비해 소수를 차지하는 사회인종공동체이다. 소수민족은 인종공동체의 주요 구성요소인 민족(종족)의식, 문화, 풍습, 전통, 언어를 보존하는 특징을 지닌다. 최근에는 전 소련 지역에 성립된 국가들의 경우에서 '러시아어 사용자'라는 용어가 사용된다. 러시아인이든 혹은 다른 종족에 속하는 사람이든 이러한 집합적 호칭에 해당되는 사람들은 기본적으로 러시아어를 사용하며 대체적으로 모국어로 간주하는 경우를 일컫는다. 좁은 의미에서 러시아어가 모국어나 러시아 민족이 아닌 사람들의 집단인 것이다. '러시아어 사용자'라는 용어는 러시아연방 경계 밖에서 러시아어를 사용하는 사람들을 표시하기 위해 사용된다. '러시아어 사용자'는 '소수민족'이라는 용어와 일치한다.

인종간의 다양한 교류는 역사적 과정 속에 자리하고 있다. 교류의 결과 가운데 잘 알려진 것이, 혼종과 혼혈로 충만한 흡수가 전통과 어우러져 개혁과 동화라는 개념을 빌어 사용되는, 인종들끼리 서로 섞이지도 않으면서 흡수하지도 않는 '공생'이다. 끝으로, 최초 구성요소들의 전통은 사라지고 제3의 새로운 인종이 탄생하는 '융합'이다. 러시아 한인들은 '공생'에서 '혼혈'까지 다양한 특성을 지녔다고 할 수 있다.

민족 자의식은 가장 필연적이고 명확한 민족적 특성이다. 여기서 민족자의식은 하나의 집단이 가지는 민족으로서 자기 자신에 대한 이해라 할 수 있다. 민족 자의식, 자결, 자기동일시는 민족 스스로 다른 민족 혹은 다른 사람들의 단체와는 구별되는 사람들의 공동체라 여길 때 나타난다. 민족 자기동일화의 기본 요소는 언어, 문화, 생활양식의 동일성에 있다. 다양한 학문적 견해에서 언어는 민족집단을 정의 내리는 핵심적 요인이 된다. 이러한 비판적 시각으로 보는 것은 정당하다. 하지만 주목할 것은 언어가 반드시 민족의 소속을 구분하는 확실한 척도가 될 수는 없다는 것을 한인 디아스포라가 보여주었다는 점이다. 민족동일성의 다른 특징에 대해 언급하자면 한인 디아스포라는 러시아 연방에서 민족공동체로 형성되었다고 단언할 수 있다.

하지만 구체적인 민족공동체의 민족정체성을 연구하다 보면, 민족정체성과 국가정체성의 결합만큼 중요한 역할을 하는 것이 이주지역과 거주목적에 따른 자기동일시 전략이다. 한인공동체는 한인으로서 스스로에 대한 공동의 생각으로 뭉쳐진 동질의 집단이다. 달리 말해 한인공동체는 공동의 민족정체성을 지닌 사람들의 집단이다. 하지만 한인공동체는 이주지역과 거주목적에 따라 명확하게 다양한 집단으로 나뉘어짐을 알 수 있다.

본 논문에서는 '러시아 한인' 집단을 살펴보고자 한다. 이들은 러시아에서 태어나고 자란 한인 집단이다. 그들은 이미 러시아문화에 깊숙이 스며든 사람들로 최근까지도 한인정체성이 그들에게 그 어떤 역할도 하지 못했던 사람들이다. 하지만 이 집단은 동일화 공간의 주변부에 위치하면서 상당한 구심력을 지니고 있다.

지난 20년 동안 러시아 한인은 자신의 역사적 고향과 문화, 언어에 대해 많은 관심을 갖게 되었다. 러시아의 다양한 지역에 한국문화원이 개관되어 한국사, 한국문화, 한국어 강의가 진행되었다. 청소년들은 한국어와 한국문화를 배우지만 역사적 고향과 남한인들과 자신을 동일시 여기지 않는다. 스스로를 러시아 다문화 중 일부로 여길 뿐이다.

러시아 한인 구성원들은 자주 국가정체성이 민족정체성의 우위에 있다고 생각한다. 이 집단은 상호관계와 상호작용 사이에 명확한 경계나 엄격한 시스템을 가지고 있지 않다. 몇 가지 특징으로 견줄 때 이는 기본적 한인정체성을 갖고 있지 않은 사람들이 적극적인 공동체 구성원들에 의해 밀려 가게 되는 일종의 공동체 완충지대로 볼 수 있다.

살펴본 집단마다 충분히 명확한 위치 규정을 하고 있으며 이때 가장 기본적인 척도는 한인정체성의 중요성이다.

공동체를 이주지역에 따라 그룹으로 나눈 것은 가정한 것으로 집단 구성원들은 서로로부터 분리되어 존재할 수 없다. 하지만 이와 함께 '우리-그들'이라는 일상생활에 본질적인 영향을 미치는 확고한 경계도 그대로 남아있다. 이주지역과 이주의도는 민족공동체 집단 경계의 중요한 표시가 된다. 공동체의 외부적 경계도 내부적 경계도 다분히 유동적이며, 변화된 형태도 확연하게 나타난다.

사실상 한인공동체의 모든 구성원들은 지역주민과의 결혼에 긍정적인 입장이다. 지배적 러시아 문화와 밀접한 관계를 맺으면서 한인들은 자신의 문화적 요소를 부분적으로 보존하였고 민족간 상호작용의 독립된 주체로 남았다. 한인들의 사회적 환경에서 러시아 문화가 지배적 위치를 점함에도 불구하고 그들은 대를 이어 내려오는 전통을 잃지 않으려고 노력하고 있다.

음식은 다양한 민족의 중요한 문화적 요소에 속하며 중요한 전통 중하나이다. 대다수 사람들은 외국에 가거나 다른 나라 음식을 요리하는 레스토랑에 들러 다른 민족들의 다양한 고유민속음식을 맛보기를 원한다. 또 어떤 이에게는 여행을 가거나 일상에서도 자신에게 익숙한 음식이 없으면 큰 문제가 발생한다. 남편이 한국음식에 익숙한 혼성가정에서는 다양한 변종이 생겨난다. 다양한 양념을 사용하고, 빵 대신 밥을 사용하게 된다.

민족간 혼종 가정에 독특한 문화 교류가 일어난다. 부부 중 한 명이 한인인 다문화 가정의 특징은 기성세대와 젊은 세대의 상호작용이 활발하고, 아이들에게 그것을 전해주는 등 높은 수준의 문화 요소 융합이 일어난다는 점이다. 다문화가족 구성원들의 대다수는 배우자의 민족문화의 개별적 요소에 대해 이해하고 있다. 자녀의 생일이나 새로운 가족이 탄생했거나 친척이 돌아갔을 경우, 가족모임이나 행사를 마련하는 데 서로의 가풍이 달라 이견이 생길 수 있다. 아이의 생일을 축하하기 위해, 혹은 한국문화에서 중요한 환갑잔치를 준비하기 위해, 부부는 서로 타협점을 찾는다. 이를 결정하는 가치기준은 가정생활에서 무엇이 중요하고 유의미한가이다. 부부의 가치는 거의 하나의 층 구조를 이루고 있어 서로를 보완해주는데 이는 대부분의 다문화 가정에서 흔히 볼 수 있는 일이다. 부부의 가치 판단 기준에 이견이 생겨 타협점을 찾으려 하지 않는다면 서로 헤어지거나 한쪽 문화만을 받아들이는 데 동의하는 수 밖에 없다. 국제 결혼을 한 두 사람의 서로 다른 문화, 서로 다른 가치기준, 서로 다른 가족풍습은 가족의 내부갈등의 원인이 되며, 다문화 가정에서 부부가 서로를 잘 이해하지 못해 생겨나는 문제는 자주 서로의 전통을 이해하지 못하기 때문인 경우가 많다. 국제결혼을 한 부부가 서로의 가치기준에 가까워지기 위한 첫 번째 조건은 상대편의 문화적 특성에 따른 가족 제도와 가족적 가치에 대해 긍정적인 태도를 취하는 것이다.

다양한 문화행동과 관련된 모순을 극복하기 위한 학술적 방법 중 하나는 규정적 접근방식을 구체화하는 문화비교기술이다. 이 기술의 활용 목적은 한 개인에게 다른 민족집단 구성원의 관점에서 구체적인 삶의 상황을 인지하는 것을 가르쳐주고, 주변을 바라보는 시각을 이해하게 도와주기 위함이다. 문화적 동화조직을 지속적으로 적용하다 보면 부정적인 고정관념 사용을 줄이고 민족간의 차이점에 대한 정보를 제공하며, 타문화 환경에서 개인간의 상호관계가 용이해지며, 자신 앞에 높인 당면 과제 해결에 효율적 수단이 된다. 이에 극동연방대학교 전문가들은 러시아 한인 가정의 문화 동화조직 시스템을 연구하였다.[2]

지역에 거주하는 민족은 행동규범을 받아들이는 데 있어 훨씬 큰 도식과 변수가 허용된다. 지역 주민은 사할린 출신이든 중앙아시아 출신이든 아니면 소련 붕괴 후 생겨난 다른 지역 출신이든 한인들 간에 사실상 그 어떤 차이도 두지 않는다. 이는 다른 민족그룹과 일치감 형성과, 민족특성에 따른 집단의 단합을 돕는다.

한인 민족 집단 내에 공동체 디아스포라의 정체성을 구상하려는 추세가 보이며, 정체성 형성과정과 최종적 윤곽에 결정적인 영향을 미치는 것은 거주지역과 사회 정치적 여건이다.

한인 사회의 정체성은 균형 있는 정체성의 집합체로 민족정체성이 국가정체성과 직업정체성, 영토정체성 등이 위치한 곳에 자리잡고 있다. 한인 민족공동체를 규정하는 특징 중 하나는 민족집단 구성원이 반영하는 문화적 동일화이다. 이럴 경우 접촉점을 탐색하는 능동적 과정에 대해 논할 수 있으며, 기존의 정체성 토대 위에 공동의 정체성 구상

---

2) Калита В. В., Сапожникова Е. Е. Решение задач межкультурного взаимодействия: опыт разработки культурного ассимилятора для межэтнических (русско-корейских) семей . // Гуманитарные исследования в Восточной Сибири и на Дальнем Востоке. - №6 (26). - 2013. - С. 76-84.

에 대해서도 말할 수 있다. 이주 민족집단 구성원들은 유사한 일군의 정체성을 지니고 있으며 몇몇 기본적인 민족정체성은 순위에 따라 차이가 있다.

한인공동체는 다분히 성숙된 민족정체성과 국가정체성을 지니고 있으며, 이는 수용 다민족 환경에 그들이 성공적으로 통합되게끔 돕는다고 할 수 있다.

본 논문은 연구주제 해결을 위해 주관적, 객관적 접근법을 사용하고 있다. 이는 민족 재생산의 편성 특징으로서의 영토와 동일화 과정을 밝혀 줄 것이다. 객관적 접근법 범주 내에서는 구체적인 역사적 형성 및 작용 조건의 입장에서 민족공동체를 관찰한다. 민족공동체 연구의 주관적 접근법에는 두 가지 방향이 있는데 하나는 상징적 접근법이고 다른 하나는 법전적 접근법이다.

상징적 접근법의 효율성은 민족공동체의 언어적 특성과 그것을 일상에서 받아들이는 것을 분석해보면 잘 나타난다. 민족공동체의 법전적 특성은 민족집단의 문화 융합을 가능하게 하는 활동에 대한 표준적인 조정 연구를 조건으로 한다.

한인 디아스포라 문제 연구는 모든 민족은 고유의 본질인 특이한 문화 집합체로서 '핵심'을 지니고 있음을 이론적으로 실현시킨다. 디아스포라 개념을 분석하면서 한인들이 정치 행정단위 경계 밖으로 이주해 소수민족이 된 민족정체성의 지역적 특이점에 대해 지적한다. 이 특징은 민족집단 형성 원인을 추정하는 것을 도와준다. 바로 국외이주와 국내이주에 관한 이야기이다. 민족집단 형성의 영토적 요소 외에도 역사적 고향에 대한 집단적 이해가 존재한다. 소사회 구성원의 동일화는 그들에게 역사적 고향이 있거나 그것을 재건하려는 의지가 있어서 지시를 받아 움직이게 되는, 일종의 민족사상을 토대로 실현되는 것이라고

국내외 연구자들은 파악하고 있다. 따라서 역사적 고향 사상은 민족공동체의 문화적 재생산 요소이며, 집단정체성 형성의 토대가 된다고 할 수 있다.

민족 소사회 특징에 대해 위에 언급된 입장은 객관적 접근방식에 기반으로 한다. 일정한 이주 지역과 관련 교류를 유지하는 중립적 공동체로 보고 민족 소사회를 연구한다. 주관적 접근방식은 '조국'은 이성적인 선택이지 역사적으로 내려진 명령이 아니라고 강조한다. 하지만 대다수 경험론적 연구는 문화 재건이 새로운 형태와 다양한 장소에서 이루어지는 추세라는 데 집중한다. 따라서 역사적 고향과의 교류가 아닌 '첫 조국'에 대한 집단적 이해는 민족 소사회의 문화적 재생산 요소가 된다. 이 외에도 역사적 고향에 대한 집단적 이해 요소와 영토적 요소는 고유의 생활양식과 세계관으로 충만해진다.

민족 소사회의 사회 문화적 통합연구를, 민족집단이 문화적 독자성을 보존하면서 사회공공시스템 안으로 들어가는 것으로 보면 민족 이주 과정의 주된 원인을 규명할 수 있다. 민족 집단이 사회와의 상호작용에 있어 지배적 원칙으로 작용하는 것은 지리적 원칙이다. 민족 소사회 구성원의 단합 정도는 인구통계학적 요소인 공동체의 수적 구성, 지역에 거주하는 집단의 거주밀도의 제한을 받는다. 이는 또한 소사회 구성원들을 지지해주며, 이주 분류에 대한 당국의 정책에 반대의 목소리를 내도록 도와준다.

정체성은 사회화 과정에서 생겨나는 국가에 대한 충성심으로 발현된다. 이는 두 가지 그룹으로 나뉘는데 문화민족그룹과 국가그룹이다. 서로간의 상호작용 속에 사람들의 자기동일화 전략은 타협 방식이 될 수도 있고 격리 방식이 될 수도 있으며 통합방식이 될 수도 있고 단결 방식이 될 수도 있다.

사회문화적 통합의 객관적 토대는 민족 소사회가 타민족 환경에 들어가기 위해 경제적 수단을 이동하는 경제활동에 있다. 이는 토착주민의 태도, 민족 소사회 구성원에 대한 당국의 태도 소사회 구성원의 상업적 열의 형태의 특징과 같은 내부적, 외부적 조건에 달려 있다. 상업적 열의는 새로운 환경에 적응하지 못하는 단계, 민족 집단이 특정 경제분야에 집중되어 있는 민족 프로페셔널리즘의 전개단계, 마지막으로 안정단계 등 세 가지 단계로 나타난다.

러시아 극동에는 민족연합, 재단, 동향인협회, 경제인협회 등 많은 사회단체가 설립되어 현재 운영되고 있다. 이는 한국과 북한과의 교류를 뒷받침하고 한인의 독자성을 유지하는 일종의 제도 역할을 담당하고 있다.

1996년 제정된 러시아 '민족문화자치'에 관한 법에 따라 한인민족문화자치회가 설립되었으며 대부분 연방한인민족문화자치회의 일원이 되었다. 연해지역을 예로 들면, 연해지역의 한인조직들은 연해지역 한인조직협회에 가입하였다. 협회는 한국을 하나의 국가로 통일하기 위한 과업을 달성하기 위해 활동한다. 하바롭스크변강에는 극동과 시베리아 한인조직협회가 활동 중이다. 사할린 주에는 사회단체가 상당히 많은데 그 중 사할린 한인의 분단된 가족모임인 '사할린 한인'이 있다. 아무르주와 마가단주, 유대인자치주와 캄챠트카주에는 한인사회단체가 다른 민족단체와 비교해 활동에 크게 차이가 없다. 한인 거주민 수가 별로 없기 때문이다.

오늘날 러시아에는 다수의 정부조직, 정부공공조직, 사회조직이 있으며, 민족문화유산을 유지 발전시키는 과제를 수행하는 민족문화연합도 여기에 속한다. 민족문화연합을 통해 홍보되는 민족문화의 다양성은 러시아 국내에서뿐 아니라 국외에서도 사회 문화적 협력 발전을 위한 호의적 환경을 조성한다.

러시아 극동은 지리적 위치와 역사적 전개로 인해 다민족지역에 속한다. 지방정부조직의 활동 중 가장 우위에 있는 것 중 하나가 민족간 관계의 화합을 유도하고, 극동인의 민족 문화 수요를 충족시키고, 이웃 국가들과의 상호 이익이 되는 협력관계를 돕는 것이다.

사회문화적 협력 발전으로 선택한 데는 제2차 세계 대전 이후 한반도가 남한과 북한으로 분단된 사실이 영향을 미친다. 수십 년간 소련은 이 국가들과 공식적인 정책 이외에는 교류를 하지 않았다. 1950년대 소련 한인들 가운데 군사전문가와 기술전문가들이 전후 국가건설을 돕기 위해 북한으로 파견되었고, 북한에서 온 한인들은 극동지역 어류가공 공장에서 일하였다. 남한과의 관계는 사실상 전무하였으며, 1980년대 말이 되어서야 협상이 시작되어 1990년 9월 외교관계를 수립하기에 이르렀다.

이렇듯, 많은 소련한인들은 역사적 고향과 자신과의 연상관계를 형성하기가 쉽지 않다. 지금도 한인 디아스포라 구성원들은 민족정체성과 함께 지역주민정체성을 지니고 있을 것이다. '나의 고향은 프리모리예이며, 나는 스스로를 토착 러시아인이고, 진정한 러시아 한인이라 여깁니다' 라고 연해지역 한인연합회장 박 발렌틴 페트로비치가 말했던 것처럼 말이다.[3]

오랜 시간 동안 다양한 러시아한인연합은 러시아 민족의 문화적 다양성과, 문화적 특징에 대한 관대성, 전인류적 유산으로서의 민족문화의 상호침투에 전반적인 지지 원칙을 발전시켜왔다.

---

3) «Истинно русский кореец». Интервью Яны Коноплицкой. Новости, 12 августа 2005 г.// [Электронный ресурс]. URL http://daily.novostivl.ru/archive/?sstring=&year=&f=sz&t=050812sz02. Дата обращения [19 января 2015 г.].

높은 수준의 조직화는 한인들의 특징이다. 러시아 제국시대 행정부는 한인 단체가 자체조직을 운영하는 데 반대하지 않았다. 1917년 혁명 시기 한인민족협회는 혁명과업에 적극 참여하였다. 1920년 소수민족부 산하에 한인업무전권연구소가 극동에 설립되었다. 1937년에 강행된 이주로 인해 한인들은 민족연구소 회원 자격을 상실하였다. 강제 이주는 민족의 문화 발전에 지극히 유해한 영향을 미친 것이다.

1990년대는 러시아 한인들의 사회단체가 다시 부활하는 단계였다. 러시아에 민족연합, 재단, 동향인회, 경제인협회 등 다양한 조직이 다수 설립되어 한인정체성 보존을 위해 노력하는 기관으로 활동하고 있다. 국내의 새로운 사회적 정치적 상황, 민족적 요인의 전반적 발현, '강제이주 민족의 권리회복'에 관한 법과 결정의 실현을 위한 투쟁의 필요성 등, 이 모든 것이 러시아 한인들의 사회정치적 적극성에 강력한 물고를 트는 계기가 되었다. 1996년 제정된 러시아 '민족문화자치'에 관한 법에 따라 한인민족문화자치회가 설립되었으며 대부분 연방한인민족문화자치회의 일원이 되었다.

한인의 인류학적 특성과 함께 민속음식, 전통복식, 관례, 풍속, 가풍과 같은 전통 문화 구성요소에 대한 높은 민족연대감은 그들을 다른 민족집단과 차이 나게 만들며, 지역에서 한인 디아스포라 공동체 같은 집단 구성원의 민족정체성을 보존하게 해준다. 동시에 영토적 요소는 다양한 정체성 형성을 가능하게 한다. 모든 한인 지역 공동체는 통일된 민족공동체인 '고려사람'에 속한다고 자각하면서 고유의 지역정체성을 형성한다. 그렇게 민족명칭학적으로 정착된 용어가 '사할린' 한인과 '러시아' 한인이다. 한인집단은 저마다의 식습관과 음식문화, 언어의 경우 방언과 능숙한 정도, 한국어 구사수준 등 객관적 특징에서 차이가 난다. 사할린 한인의 경우, 중앙아시아 공화국 출신의 한인들보다 언어가 더 잘 보존되어있다. 게다가 '사할린주한인연합'이라는 단체가 이미 존재함에도 불구하고, 자체조직 격으로 '사할린 한인의 분단된 가족협회'라는 자신들의 사회 조직을 만들었다.

지역조직의 경우 일정부분 한인사회운동과 연관이 있다. 1990년대 남한 개신교 선교사 단체는 적극적으로 잠재적 한인 신도들의 민족감정을 이용했다. 교회에서 한국어 강의를 개설해 선교를 위해 자주 활용하였는데 강사가 주로 목사나 열혈 신자들이었기 때문이다. 교회의 도움으로 남한을 방문하고, 자선단체의 지원을 받고, 취직을 했다. 사실상 교회조직이 민족조직과 동선상에서 활동하였으며, 몇몇 신도들은 교회조직 혹은 민족조직의 열혈 구성원이기도 하였다. 이는 연해지역뿐 아니라 하바롭스크변강에서도 특징적이라 하겠다.

1990년대 초반 프리모리예 한인 수 증가는 민족의 단결을 불렀다. 이는 민족문화를 보존하고 잃어버린 조국을 다시 찾고자 하는 생각을 갖게 하였다. 민족공동체의 발전은 한인경제엘리트의 적극적인 활동을 불러왔다. 남한의 다양한 기관과 회사로부터 재정적인 지원을 받았다. 남한에서 설립한 한국어교육원은 블라디보스토크, 하바롭스크, 남사할린주에서 운영 중이다. 당시 프리모리예에 민족영토자치기구를 창설하려는 한인들의 생각이 인기를 얻었지만, 러시아의 복잡한 내부적 상황과 극동지역 정치적 사태 악화로 주의 국외이민법이 미완성으로 끝났으며 자치회 창설은 불가능하게 되었다. 이주 동기 중 하나의 실현을 위한 현실적 조건이 없었으므로, 이주 규모 또한 한인 디아스포라 조직자들이 예상했던 것 보다 작았다.

러시아 극동 남부에 한인 디아스포라가 형성된 특징은 이주 여건, 사회직업적 분화, 성층화된 차이로 판단된다. 이 조건은 지역공동체와의 사회문화적 통합에 일정한 장애요소가 된다. 지역 내 한인 디아스포

라의 지역정체성의 민족통합적 요인과, 다수 정체성의 재생산적 요인
이 결정된다. 이는 러시아 극동 남부지역 한인의 국가정체성 특수성을
밝히는 데 도움이 된다.

자기동일화 전략이 연해지역 한인들에 의해 실현되는 특징을 본 논
문에서 밝히고자 한다. 그 중 간접적 자기확립전략과 회고전략이 주를
이루는데, 이는 지역공동체에 지배적으로 작용하는 새로운 자유민주주
의 규범과 소비자 이미지를 고려한 문화적 독창성 유지에 기반하고 있
음을 알 수 있다.

최근 출간된 저서

본 논문을 작성하기 위해 다양한 연구물들을 기초 자료로 이용했다.
강제 이주라는 테마와 관련된 자료 특히 문서[4]의 양은 아주 방대하다.
1997년 한인 이주 문제와 관련된 고문서 자료집이 출간되었다.[5] 자료
집에는 1937년 가을 러시아 한인 강제 이주에 관한 정보를 전해주는 연
해주 국립문서보관소 목록이 포함되어있다.

해외 한인 펀드 자료의 기초에는 다양한 시기 러시아와 독립국가연
합 한인 수의 변화에 관한 최근의 통계 자료[6]가 포함되어 있는데 이를

---

4) Белая книга о депортации корейского населения России в 30-40-
х годах. Книга первая. Ли, У Хе, Ким, Ён Ун. М., 1992; Белая книга
о депортации корейского населения России в 30-40-х годах. Книга
вторая. Ли У Хё, Ким Ён Ун. М., 1997.

5) Книга памяти. Архивные списки депортированных российских
корейцев в 1937 году Пак Чон Хе, Ли О.А. М., 1997. Ч. 1.

6) Фонд зарубежных корейцев Республики Корея [Электронный ресурс]
URL: http://www.korean.net/

통해 러시아 한인 이주 과정에 대한 그림을 그려낼 수 있다.

법적 문서는 러시아제국, 소비에트 연방과 러시아가 취한 민족 정책 속에서 한인 디아스포라의 형성과정을 알 수 있으며, 한인사회단체 설립과 기능의 법적 근거에 관한 문제를 풀 수 있는 중요한 기초자료이다. 이러한 자료들을 통해 러시아 민족 정책의 변화 과정과 한인공동체의 기능 및 한인 단체들의 법적 근거를 규명할 수 있다. 특히 법률 조항 "한인 공동체에 대하여", "민족문화자치단체에 대하여"와 결정문 "러시아 한인의 복권에 대하여"가 그러하다.[7]

자료 중에는 연해주에서 기업 활동을 하고 있는 한인단체 대표들과의 개인적 인터뷰 자료, 러시아 한인들과의 대담처럼 아주 특별한 자료들도 있다. 이 자료들은 러시아와의 경제적 교류가 발전하는데 러시아 한인이 어떤 역할을 수행 했는지를 이해할 수 있는 아주 귀중한 자료이다. 학술대회 자료들도 중요한 기초 자료이다.[8]

상술한 테마에 관한 방대한 문헌들은 방향에 따라 몇 그룹으로 분류할 수 있다. 첫 번째 그룹에는 1990년대 출판된 문헌들이 포함된다. 박

---

7) Закон РСФСР от 26 апреля 1991 г. № 1107-1, О реабилитации репрессированных народов, http://www.femida.info/13/zr26a1991N1107Ip000.htm

8) Корейско-российская международная конференция, посвященная 140-летию переселения корейцев в Россию, Дальневосточный государственный университет, Высший колледж корееведения, Владивосток, 2004. 09.16.; Корейцы в России, радикальная трансформация и пути дальнейшего развития. Сборник материалов, Международная научная конференция, посвященная 70-летию депортации корейцев с Дальнего Востока в Среднюю Азию и Казахстан, Москва, 2007; Пак, М. Н., "О причинах насильственной депортации советских корейцев Дальнего Востока в Центральную Азию, Дорогой горьких испытаний", К 60-летию депортации корейцев России, М., 1997, с. 31; Торопов, А. А. "К вопросу о миграции корейского населения на Дальнем Востоке России (1863-1916)", Изв. РГИА ДВ Владивосток, 1996, с. 104.

(Б. Д. Пак)은 러한 관계와 러시아 한인 이주사 분야의 권위 있는 연구
자이다.[9] 박은 한인이 러시아로 이주한 주된 동기와 목적을 규명하면서
소비에트 러시아의 정치·경제적 삶에 한인이 어떤 식으로 참여했는지
밝히고 있다.

두 번째 그룹에는 연해주 출신으로 러시아과학아카데미 산하 극동
관구 극동 제 민족 역사·고고학·인종학연구소에서 활동하는 학자들의
자료가 포함된다.

포즈냐크(Т. З. Позняк)는 자신의 저서에서 극동의 외국 공민 특
히 한인에 대해 제국 정부가 취한 정책의 특수성을 기술하면서 정책의
모순성을 지적하고 있다. 이주민에 대한 호의적인 정책과 부정적인 정
책을 모두 기술하고 있다.[10]

바수크(А. С. Ващук)가 편집한 공동 저서에서는 연해지역 이주 과
정의 기본 단계들과 외국 이주민이 해당 상황에 적응해 가면서 보여준
특성을 규명하고 있다.[11] 저자들은 완전한 통제와 필요한 제한성에 굴
복하지 않았던 한인 이주의 부정적인 측면을 지적하고 있다. 연해주 국
경 지역에서 한인의 높은 밀집성은 국가의 안전성이라는 이해관계에
부합하지 않았고, 이는 결국 1930년대 말 중앙아시아와 카자흐스탄으
로 강제 이주의 원인이 되었다. 하지만 러시아 정부 중앙기관은 이주

9) Пак, Б.Д. Корейцы в Российской Империи. Иркутск: Иркутский
государственный педагогический институт. 1994. 238с.; Пак, Б.Д.
Корейцы в Советской России (1917 – конец 30-х годов). М. –Иркутск-
С.-Петербург: Иркутский государственный педагогический
институт. 1995. 259с.

10) Позняк, Т.З. Иностранные подданные в городах Дальнего Востока
России (вторая половина XIX – начало XX в.) // Владивосток:
Дальнаука, 2004. 316 с.

11) Ващук, А.С., Чернолуцкая, Е.Н., Королева, В.А., Дудченко, Г.Б.,
Герасимова, Л.А. Этномиграционные процессы в Приморье в XX
веке. Владивосток: ДВО РАН, 2002. - 228 с.

정책이라는 개념을 완전하게 가지고 있지 않았고 이를 담당할 기관 설립도 지체되었다는 점을 지적해야 한다. 자브롭스카(Л. В. Забровска)의 저작에는 1990년대 한반도의 두 나라와 러시아의 관계가 기술되어 있다.[12]

연해주 러시아 한인 사회단체

1989년 연해주에 첫 한인단체인 "나호드카(Находка)"가 탄생했다. 1993년 무렵 연해주의 모든 도시에서 다양한 형태의 한인 단체들이 활동하고 있다. 1993년 문화센터와 지역협회에 기초하여 우수리스크에서 재단 "부활(Возрождение)"이 설립되었다. 재단은 주(州) 전체 한인단체 활동의 균형을 맞추는 역할을 했다. 재단 구성원들은 다양한 조직 활동을 하면서 복권(復權), 특별 증명서 취득, 난민과 강제 이주민의 사회적 지위 확보를 위한 문서 수합과 제출을 도와주었다. 재단은 신문 "원동"을 러시아어와 한국어로 발행했다. 2001년 2월부터 신문은 독자적인 출판물로 정식 등록되었다. 1996년 공포된 법률안 "민족문화단체"에 준하여 연해주에는 한인 민족문화 단체들이 설립되었다. 우수리스크 한인 민족문화 협회는 2004년 주간지 "고려신문(Корё Синмун)"(한국 신문)을 발행하기 시작했다.

한인 사회단체들은 정치적으로 한국문화 페스티벌을 개최했고 남한

---

12) Забровская, Л.В. Россия и КНДР: опыт прошлого и перспективы будущего (1990-е гг.): Монография / Л.В. Забровская. – Владивосток: Изд-во Дальневост. ун-та, 1998. – 116 с.; Забровская, Л.В. Россия и Республика Корея: от конфронтации к сотрудничеству: Монография / Л.В. Забровская. – Владивосток: Институт истории, археологии и этнографии народов Дальнего Востока ДВО РАН, 1996. – 127 с.

과 북한 관광을 조직했으며 전통 음악과 춤을 배우기 위해 한국 예술가들을 초빙했다.

연해주 한인 사회단체들은 연해주 한인단체연합(АКОРП)에 속한다. 10년 동안 연해주 한인단체연합은 초지일관되게 남한과 북한의 통일을 위한 임무를 수행하고 있으며 남한과 북한 총영사들의 공동회담을 주선했다. 2015년 2월 연해주 한인단체연합은 발렌틴 박을 수장으로 아르툠시에 위치한 민족문화센터에서 음력설로 새해를 기념했다. '나홋카'에는 북한 총영사 림천일, 남한 블라디보스토크 총영사 이석배, 블라디보스토크 일본 총영사 타츠히코 카사이, 블라디보스토크 베트남 총영사 잔 주이 치(Чан Зуй Тхи)가 참가했다.

연해주에는 블라디보스토크, 아르세니예프, 아르툠, 달네고르스크, 나홋카, 스파스크 달니, 우수리스크 등 10개의 도시에 러시아 한인 민족문화단체가 등록되어 있다. 이외에 파르티잔스크에 한인 사회단체 "예딘스트보"가 있는데 파르티잔스크에서는 "수찬"이라고 부른다. 또한 우수리스크에 있는 주(州) 자선 재단 "부활", 북동아시아에 평화재단도 활발하게 활동하고 있다. 연해지역 한인 디아스포라는 주에 있는 여러 민족 중 가장 활발하게 활동을 하면서 민족문화의 교류를 현실적으로 실현하고 있다. 한인 디아스포라의 많은 사람들은 여러 분야의 경제 부처에서 근무하고 있으며 연해주 입법기관, 행정기관에서 근무하는 사람들도 있다. 대표적으로 네벨스키(Г. И. Невельский) 국립해양대학 총장 세르게이 오가이를 들 수 있다.

2015년 8월 17일 블라디보스토크 도시 공원에서 한러 수교 150주년을 기념하는 공식적인 기념식이 개최되었다. 기념식에 여러 나라 외교관들, 연해지역 각지 한인 디아스포라 한인들이 참석했다. 연해지역 한인연합회장 박 발렌틴은 이렇게 말했다. "우리에게 이 날은 무척 중요하다.

우리 선조들이 러시아로부터 도움을 받고 러시아와 우호를 맺기 시작했던 역사적 기념일이기 때문이다." 러시아 한인문화재단 회장 이세웅은 이렇게 말했다. "나는 오늘이 역사적인 날이라고 생각한다! 150년 훨씬 전에 한국인들이 이곳으로 이주해왔고 온갖 역경에도 불구하고 그들은 러시아인의 지원 덕분에 이곳에 성공적으로 정착할 수 있었다."

서로의 관계가 복잡함에도 불구하고 남한과 북한 영사들이 기념식에 참석했다. 남한 블라디보스토크 총영사 이석배는 이렇게 말했다. "한인이 자발적으로 러시아로 이주한 지 150년 되는 해를 기념하는 기념식이 개최됨을 알리며 모든 러시아 한인에게 감사드립니다!" 북한 나홋카 총영사 림천일은 이렇게 말했다. "많은 러시아 한인들이 정치, 경제, 문화 분야에서 저명인사들이 되었습니다. 그들은 연해지역 뿐 아니라 러시아의 발전에 실질적인 기여를 했습니다."

연해지역 여러 도시와 지역에서 기념식 개회식에 참석하기 위해 한인들이 몰려들었다. 모든 사람들의 제일 중요한 바람은 언젠가 그들의 역사적 조국이 통일이 되는 것이다. 도시 공원에 있는 포그라니치나야 거리는 한인의 상징이 되었다. 한인 마을과 아주 인접해 있으며 1941년까지는 한인 거리로 불렸다.

연해지역에서 가장 많은 수의 한인이 거주하는 곳은 우수리스크이다. 그래서 이 지역 사람들은 비공식적이지만 이곳을 한인 문화와 전통의 중심지로 간주한다. 2016년 12월 우수리스크에 있는 러시아 한인사 박물관이 보수를 마친 뒤 문을 열었다. 박물관 보수는 한국국립민속박물관과 남한의 여러 사회단체들, 남한 블라디보스토크 총영사관의 지원을 받아 이루어졌다. 연해주 한인 민족문화 자치회에서 보도한 것처럼 향후 박물관은 더 이상 확장을 하지는 않을 것이며 첫 관람객이 본 그 상태 그대로 유지될 것이다. 박물관 펀드에 모인 새 전시품들은 이후 한인 최재형 박물관 확장에 사용될 것이다. 이미 건물은 마련했고 수리할 채비를 갖추면서 기증품을 모으고 있는 중이다.

하바롭스크 주 러시아 한인 단체

2004년 12월부터 하바롭스크에서는 극동·시베리아 한인단체연합회가 활동하고 있다. 극동·시베리아 한인단체연합회의 회장은 백구선이다. 협회의 목적은 하바롭스크 주에서 활동하는 한국평화통일촉진회(OCMOK), 한인청년문화센터 고려(Kopë), 이산가족협회의 활동 강화와 장기화를 선언하는 것이다. 협회의 목적 중 하나는 극동연방관구 한인단체의 연합을 꾀하는 것이지만 아직 결과를 얻지는 못했다. 하바롭스크 북한 대표들이 사회·문화적 협력에 매우 적극적이라는 추측이 가능하다. 협회는 민족 간 문화 교류, 국제적 문화교류를 위해 활동하는 국가 및 사회단체들과 긴밀하게 협력하고 있다.

협회는 남한과 북한 총영사의 교류에 협력하고 있으며 러시아 한인에게는 두 나라에서 발생한 사건에 대해 더 많은 정보를 주려고 한다. 바로 이러한 노력으로 인해 하바롭스크 주 한인 디아스포라 연합이 실제로 이루어졌다. 2014년 국제교류재단의 주도로 부산에서 러시아 이주 150주년 기념식이 개최되었는데 여기에 협회 회원들도 참석했다.

지역에서 국제 하바롭스크주 제인민 민족문화와 앙상블 협회는 민족 간 교류의 새로운 단계를 여는 시발점이 되었다. 협회가 직접 참가한 가운데 한국 노래와 한국어 페스티벌이 정기적으로 개최되는데 페스티벌은 여러 민족들이 한국 문화를 체험하고 청년층의 관심을 불러오는데 큰 도움을 주고 있다. 한국 역사와 문화에 대한 생각이 아주 적고 한국어를 구사하지 못하는 한인 청년들이 아주 많다. 가장 인기 있는 행사는 음력 새해맞이 행사이다. 이 명절은 중요한 역할을 한다. 바로 이날 흥미 있는 프로그램을 통해 한국의 전통과 관습을 청장년층에게 들려주면서 직접 체험할 수 있는 기회를 줄 수 있다. 1945년 8월 15일 일제로부터의 독립을 기념하는 독립기념식은 제2차 세계대전 종전 기념식과 함께 수행된다. 이 행사에는 전통적으로 러시아 한인뿐만 아니라 남한과 북한 측 사람들도 참가한다.

2015년 6월 국립극동과학도서관에서는 북한 하바롭스크 총영사관의 지원을 받아 북한노동당 중앙위원회에서 김정일 활동 시작 51주년 기념식과 관련된 사진전이 개최되었다.

2015년 8월 15일 하바롭스크 레닌 종합운동장에서는 제2차 세계대전 종전과 한국 해방을 기념하는 한국문화 연례행사가 열렸다. 처음으로 행사에 남한과 북한 측 대표가 함께 참가했으며 처음으로 한 무대에서 두 나라의 장작물을 발표했다.

2015년 8월 그로데코프 동방박물관(Н. И. Гродеков Восток)에서는 일제로부터의 해방 70주년과 김정일 극동 방문 13주년을 기념하는 북한 사진전, 도서전, 장식예술품 전시회가 열렸다. 이 전시회는 북한 하바롭스크 총영사관과 "예디나야 러시아(Единая Россия)" 당 지역 지부가 공동으로 개최했다.

2015년 9월 1일 하바롭스크 중등학교 №5에 러시아 한국 우호반이 개설되었다. 이를 축하하는 기념식에는 하바롭스크 시장 알렉산드르 소콜로프, 북한 나홋카 부영사 문호, 하바롭스크 시 국제와 대외경제 담당 부시장 알렉산드르 알렉산드로프, 하바롭스크 시 교육행정국 국장 올가 정, 그리고 극동한인단체협회 회장 백구선이 참석했다.

2015년 9월 지역 음악극장에서는 제2차 세계대전 종전과 북한과 러시아 우호 70주년을 기념하는 북한국립공훈합창단의 콘서트가 열렸다. 북한이 참가하는 행사의 대부분은 하바롭스크에서 조직된다는 사실을 알 수 있다.

주어진 목적과 과제는 극동 지역 민족적, 국제적 문화교류 업무를 담당하는 국가와 사회단체들의 긴밀한 협력 없이는 결코 달성될 수 없다. 문화는 단체의 발전과 강화를 위해 아주 중요한 동인이다. 민족 전통문화와 언어가 상실될 위기에 처한 상황에서 러시아 한인 사회단체들은 자신의 위상을 보존하기 위해 노력을 경주할 뿐만 아니라 재외단체들과의 교류 확장을 위해서도 노력한다. 여기에는 남한과 북한뿐 아니라 중앙아시아에 있는 유사한 단체도 해당된다.

러시아로 한인의 자발적 이주 140주년과 150주년, 제2차 세계대전 종전 70주년에 맞추어 개최된 전러민족문화기념식은 러시아의 극동에 위치한 한인단체의 통합을 위한 시도였다.

한인 단체들의 가장 큰 업적은 한인뿐만 아니라 한국의 문화, 언어, 관습에 흥미를 가진 모든 사람들의 관심을 끌어 모았다는 점이다. 한인 단체들의 자유로움과 개방성은 단체들이 성공적으로 발전하는 데 기여했다. 그들의 활동 목표는 러시아 한인의 민족 전통 문화를 부활시킬 뿐만 아니라 지역에서 민족 간 교류를 발전시키는 것이었다. 한인 사회단체 활동 분석은 다양한 전략을 어떻게 구사하느냐에 따라 민족 간 상호 관계에서 고립될 수도 있고 대결할 수도 있으며 연합할 수도 있음을 보여준다.

극동·시베리아한인단체협회는 러시아 한인의 민족 문화 부흥을 목표로 극동연방관구에서 활동하는 사회단체를 아직 모두 결집시키지는 못했다.

결론

　　한인의 러시아로의 자발적 이주는 구직이라는 사회경제적 요인과 관련이 있다. 이후 이어진 한인 디아스포라의 형성은 소수민족으로서 한인 탄압과 강제 이주라는 정치적 요인과 관련이 있다. 그 결과 한인은 특정 민족으로 분류되었고 독자적으로 사회문화적 발전을 이룰 수 있는 권리를 박탈당했다. 향후 이것은 한인 디아스포라의 형성을 추동했으며 한인디아스포라가 사회문화적으로 분산하게 된 원인이 되었고 또 한인 디아스포라의 정체성 형성을 위한 전제조건이 되었다.

　　특별 이주지에서 제한된 경제적, 사회문화적 조건에 놓이게 된 한인은 농업에 종사하게 되었다. 이로 인해 한인은 경제적으로 고립된 상황에 놓이게 되었고 오랜 기간 주어진 상황에 적응되어 갔다. 복권 이후 교육을 받을 권리와 여러 분야의 경제활동에 참여할 기회를 되면서 한인공동체의 사회구조에 변화가 일기 시작했다. 예컨대 사회문화적 통합을 방해하던 장벽이 허물어졌고 한인 디아스포라의 사회 직업적 계층 분화가 이루어졌다. 이는 사회문화적 통합과 다민족 사회에서의 동화를 부추기는 동인이 되었다.

　　러시아 한인 디아스포라의 형성은 지역적, 사회통계 및 인구학적 원인에 의한 것이었다. 러시아 극동에서 한인의 수가 긍정적으로 증가하고 있음이 관찰된다. 한인 디아스포라는 분산되어 있다는 특징을 가지고 있지만 지역에서는 특히 연해주와 사할린 주에서는 밀집되어 거주하고 있다. 그러한 분포는 민족문화 단체의 존재와 관련이 있으며 러시아 한인 공동체의 높은 단결성을 증명해준다. 극동 지역 한인 디아스포라의 형성은 한민족으로서의 문화적 유산과 전통에 의해 조성되었지만 문화적 자기정체성 상실이라는 위협으로 이어졌다. 그러나 1990년대 민족 부활의 불꽃은 민족 전통과 종교의식을 복원하려는 추세를 낳으면서 민족정체성 회복으로 이어졌다. 또 한국어를 배우려는 노력은 민족정체성을 보존하려는 극동 한인의 의지를 보여준다. 이런 모든 요인들은 현재의 상황에서 한인의 통합 과정을 성공적으로 이끌어갈 수 있는 문화 정체성 보존에 대한 의지를 증명해준다.

극동 한인의 지역적 정체성은 인류학적 유형, 거주지의 밀집성, 전통, 종교, 역사적 조국에 대한 생각, 과거에 대한 기억과 같은 요인들을 통해 발현된다. 그러므로 지역 극동 한인의 규합을 강화할 수 있는 요인으로 역사적 조국에 대한 생각과 과거에 대한 기억을 들 수가 있다. 왜냐하면 이는 사회문화적 사회화 과정에서 개인과 집단의 인지에 뿌리를 박고 있으며 일정한 수준에서 민족 내부의 연합을 촉진하기 때문이다. 이와 더불어 정체성의 많은 부분을 변화시키고 재현시키는 여러 요인들이 존재한다. 이러한 요인으로는 지역적, 경제적, 사회정치적 그리고 민족 간 상호작용 등이 있다. 역사적으로 극동 한인들은 고유한 지역 조직을 가지고 있지 않았고 한인이 발전함에 있어 지역문제에 큰 의미를 부여하지 않는데 이는 극동 한인의 인지 속에서 민족 정체성 보다 시민 정체성이 더 큰 자리를 차지하고 있음을 증명한다.

오늘날 다양한 유형의 직업에 종사하고 있는 극동 한인들은 경제발전에 아주 큰 관심을 가지고 있다. 한인들은 한인과도 경쟁하고 있으며 지역의 다른 민족 그룹과도 경쟁하고 있다. 지역 사회정치 분야에서 러시아 한인의 정체성은 민족문화연합회의 설립, 사회정치기관에 참여, 정부 기관과 지방 행정부에서의 활동으로 유지되고 있다.

다른 민족과의 상호작용에서 한인들은 긍정적인 자세와 교류에 대한 열망을 보여주는데 이는 한인 디아스포라와 다른 민족의 사회적 거리감을 줄여주고 민족 간 경계를 약화시키는 결과로 이어지고 있다. 세대교체가 진행되면서 정치적 차별대우에 대한 기억이 사라지고 있으며 러시아 한인들을 대결 국면으로 몰아넣는 요인들이 나타나지 않고 있는데 이는 결국 한인 사회가 지역의 사회정치적 시스템 속에 통합되는 경향으로 이어지고 있다. 전반적으로 극동 한인은 투자의 가치, 민주적인 제도, 소비자의 이미지에 대해 아주 큰 관심을 가지고 있다. 극동 한인은 사회적으로 다른 민족과의 상호관계, 다른 민족과의 협력에 대해 긍정적인 태도를 보인다.

상술한 모든 전략에서 대결과 고립뿐 아니라 통합과 연합에 대한 지향성이 두루 관찰된다. 하지만 현실에서는 한 가지 형태의 전략만 사용되지는 않는다. 대립과 분리의 전략보다 간접적 자기 긍정과 과거로의 회귀전략이 훨씬 우위를 차지하고 있으며, 이는 결국 러시아 극동이라는 사회문화적 환경에서 한인의 궁극적인 지향점은 통합과 연합에 있다는 것을 잊지 말아야 한다.

참고문헌

I. 문헌 자료

Бугай Н.Ф., Сим Хон Ёнг. Общественные объединения корейцев России: конститутивность, эволюция, признание. – М.: Новый хронограф, 2004. – 370 с.

Бугай Н.Ф. Российские корейцы: перемены, приоритеты, перспектива. – М.: 2014. – 456 с.

Ващук, А.С., Чернолуцкая, Е.П., Королева, В.А., Дудченко, Г.Б., Герасимова, Л.А. Этномиграционные процессы в Приморье в XX веке // Владивосток : ДВО РАН, 2002. - 228 с.

Дин Ю. И. Корейская диаспора Сахалина: проблема репатриации и интеграция в советское и российское общество. Южно-Сахалинск: ОАО Сахалинская областная типография, 2015 – 332 с.

Корейско-российская международная конференция, посвященная 140-летию переселения корейцев в Россию. - Дальневосточный государственный университет, Высший колледж корееведения. – Владивосток, 16.09.2004.

Корейцы в России, радикальная трансформация и пути дальнейшего развития. Сборник материалов. Международная научная конференция, посвященная 70-летию депортации корейцев с Дальнего Востока в Среднюю Азию и Казахстан. - Москва, 2007.

Корейцы на российском Дальнем Востоке (вт. пол. XIX – нач. XX вв.). Документы и материалы. – Владивосток : Изд-во Дал ьневост. ун-та, 2001. – 380 с.

Курбанов, С. О. История Кореи с древности до начала XXI века. Санкт-Петербург: Издательство Санкт-Петербургского ун иверситета, 2009. – 680 с.

Ло Ён Дон. Проблема российских корейцев: история и перспект ивы решения. М., 2005.

Бахмет Ю.Н. Из истории корейских культурно-национальных ор ганизаций в России в 90-е годы.

Нам, С. Г. Российские корейцы: история и культура (1860-1925 г г.). / С. Г. Нам. - М., 1998.- 188 с.

Пак, Б.Д. Корейцы в Российской Империи. / Б. Д. Пак. - Иркутск: Иркутский государственный педагогический институт, 1994. - 238с.

Пак, Б.Д. Корейцы в Советской России (1917 – конец 30-х годов). / Б. Д. Пак. - Иркутск: Иркутский государственный педаго гический институт, 1995. - 259с.

Пак Б. Д. Россия и Корея. М.: Институт востоковедения РАН, 2004. — 520 с.

Пак Б.Д., Бугай Н.Ф. 140 лет в России. Очерк истории российски х корейцев. – М.: 2004.

Пак, В.К., Шабшина Ф.И. Героические дела корейских интернац ионалистов // Корейские интернационалисты в борьбе за власть Советов на Дальнем Востоке (1918 – 1922). М., 1979. - С.8-10.

Пак, Ч. Х. Русско-японская война 1904-1905 гг. и Корея. Москва: « Восточная литература» РАН, 1997. – 251 с.

Петров А.И. Корейская диаспора на Дальнем Востоке России 60-90-е годы XIX века. – Владивосток: ДВО РАН, 2000. – 304 с.

Петров А.И. Корейская диаспора в России. 1897-1917 гг. – Владив осток: ДВО РАН, 2001 – 400с.

Позняк, Т.З. Иностранные подданные в городах Дальнего Восто ка России (вторая половина XIX – начало XX в.) / Т. З. Поз няк. - Владивосток : Дальнаука, 2004. - 316 с.

Торкунов, А. В. История Кореи (Новое прочтение). Москва: Моск

овский государственный институт международных отно
шений, 2003. – 430 с.

Чернолуцкая, Е.Н. Принудительные миграции на советском Дал
ьнем Востоке в 1920-1950-е гг. Владивосток: Дальнаука,
2011. – 512 с.

Jon K. Chang. Burnt by the Sun. The Koreans of the Russian Far East.
University of Hawai'i Press, Honolulu, 2016. – 267 p.

II. 논문 자료

Волохова, А.А. Китайская и корейская иммиграция на российск
ий Дальний Восток в конце XIX – начале XX вв. // Пробле
мы Дальнего Востока. - 1996. - № 6. - С.105-106.

Волкова Т.В. Российские корейцы: к вопросу о самоидентифика
ции.// Этнографическое обозрение, 2004, № 4. С. 27- 42.

Забровская, Л. В. Российские корейцы и их связи с родиной пре
дков (1990—2003 гг.) // Проблемы Дальнего Востока. - 2003.
- № 5.

Кремлянский С.Е. Национальный состав сельского населения П
риморской губернии // Экономическая жизнь Приморья.
Владивосток, 1924. №4(8). С.33.

Лыкова, Е.А., Проскурина, Л.И. Третья волна иммиграции: «Кор
ейский вопрос» в Приморской деревне в 20-30-е годы 20 в
ека // Россия и АТР. Владивосток, - 1996. - №2. - С.83, 85.

Кузин, А. Т. К истории политических репрессий и депортации с
ахалинских корейцев // Вопросы современной науки и пр
актики. – 2010. – Вып. 4-6. – С. 290-299.

Ким, А. С. Транснациональность корейской диаспоры в Дальнев
осточном регионе // Пространственная экономика. –
2006. – Вып. 4. – С. 123-133.

Ким, Е. В. Российские корейцы: грани этнической идентичност
и // Азия и Африка сегодня. – 2013. – Вып. 2. – С. 52-56.

Нам, И.В. Страницы истории общественного самоуправления у
корейцев русского Дальнего Востока (1863-1922 гг.) // Диас
поры. М., -2001. - №2-3. - С.157

Нам, С.Г. Из истории корейской общины на Дальнем Востоке (20-е гг.) // Проблемы Дальнего Востока. - 1993. - №2;

Пак Ын Кен. Демографическая характеристика советских корейцев Дальнего Востока. 1920-1940 гг. // Проблемы Дальнего Востока. - 1998. - №5. - С.126-130.

Петров, А.И. Корейская иммиграция на Дальний Восток России в 1860-1917 гг. // Вестник ДВО РАН. - 1998. - №5.

Ткачева, Г.А. В условиях неравенства // Россия и АТР Владивосток. 1994. - № 2. - С. 79-87.

Торопов А.А. К вопросу о миграции корейского населения на Дальнем Востоке России (1863 – 1916 гг.) // Известия РГИА ДВ. Т. I. — Владивосток, 1996. С. 101–110.

Торопов А.А. Корейские общественные организации в Приморской области // Известия РГИА ДВ. Т. III. — Владивосток: РГИА ДВ, 1998. С. 44–57.

Торопов А.А. Корейцы на российском Дальнем Востоке. Участие корейцев в антияпонской национально-освободительной борьбе (1860-е гг. – нач. XX в.) // Переселение корейцев в Россию и антияпонское освободительное движение. Междунар. конф., посв. 140-летию переселения корейцев в Россию. — Владивосток, 2004. С. 243–246.

Тощенко, Ж. Т., Чаптыкова Т.И. Диаспора как объект социологического исследования // Социологические исследования. 1996 . № 12. с. 33-42.

Троякова, Т. Г. Корейская деревня в Приморье: один из проектов национального возрождения// Этнографическое обозрение. - 2008. - № 4. - С. 37-43.

Чернолуцкая, Е.Н. Мотивация и попытки отселения корейцев из Приморья // Гуманитарные и социально-экономические аспекты обучения и воспитания кадров военно-морского флота. Владивосток. 1999. - № 3. - С.164-171.

Чернолуцкая, Е.Н. Вытеснение китайцев с Дальнего Востока и депортация 1938 г. // Проблемы Дальнего Востока. 2008. № 4. С. 133 – 145.

[연구 방법]

설문조사

2017년 3월부터 8월까지 블라디보스토크, 아르툠, 우수리스크에서 프로젝트 범위 내 몇몇 연령군과 직업군을 대상으로 설문조사를 실시할 계획이다. 다양한 행사, 컨퍼런스, 세미나에 참가하는 타 도시 거주자들도 설문 대상이 될 수 있다.

극동연방대학 교수진과 전문가 집단 가운데 20명이 중심그룹이 되어 진행한다.

러시아 한인 다양한 집단군에 대한 설문조사 대상자 선정 방법은 다음과 같다.

1. 60~80세의 노년층: 개인면담
2. 35~60세의 중년층: 개인면담, 설문에 대한 답변, 언론매체와 개인적 교류에 기반을 둔 기억을 근거로 한 자료.
3. 18~35세의 청년층: 대학생, 근로자 - 인터넷 설문조사.

■ 연해주 러시아 한인

러시아 한인 정체성 형성에 관한 프로젝트의 범위 내에서 질문이 주어졌으며 결과물은 극동 러시아 한인에 관한 전문서적 출간에 이용될 것입니다.

질문에 대한 귀하의 답변은 문헌 저술에 유용하게 쓰일 것이며, 향후 본 주제와 관련된 연구를 지속하는 데 도움이 될 것입니다.

본 설문조사는 학술적인 목적으로만 이용될 것이며, 타 기관이나 개인에게 제공되지 않을 것입니다. 귀중한 시간을 내 면담에 응해 주신 점 미리 감사드립니다.

설문조사 기간: 2017년 3월~6월

타마라 가브릴로브나 트로야코바, 역사학박사, 극동연방대학 조교수, 프로젝트 수행자.

E-mail: tamaratroyakova@gmail.com

1. 출생지 및 출생년도

부모님의 출생지는 어디인가요?

2. 어느 나라가 모국이라고 생각하시나요?

1. 태어난 나라
2. 현재 살고 있는 나라
3. 조상들의 나라
4. 역사적인 모국
5. 말하기 어렵다

3. 직업 교육

1. 중등, 중등 전문
2. 고등(명칭)
3. 보조기관

4. 부모님의 교육 정도

    1. 중등교육

    2. 대학교육

5. 어떤 주거지대에 살았으며, 거주 기간은 얼마나 되나요?

    1. 도시

    2. 시골

    3. 기타

6. 어떤 직장에서 일하며, 어떤 직위를 맡고 계시나요?

    1. 국가 기관

    2. 개인 기업

    3. 기타

7. 가족 상황

    1. 가족이 있으며 아이가 있다

    2. 없다

8. 배우자는 어느 민족인가요?

    1. 한국인

    2. 다른 민족

9. 구사 가능한 언어는 어떤 언어이며, 어떤 언어를 배우고 있는지, 또 어떤 언어를 배우고 싶은지요?

    1. 러시아어

    2. 한국어

    3. 그밖에 배우고 싶은 언어가 있다면?

10. 어떤 풍습을 지키며, 어떤 명절을 기념하나요?

1. 한국 명절

2. 러시아 기념일

3. 다른 명절

11. 활동 중인 사회단체가 있습니까? 있다면 어느 단체인가요?

1. 러시아 한인단체 – 명칭을 적어주세요.

2. 종교단체 - 명칭을 적어주세요.

3. 기타 단체 - 명칭을 적어주세요.

12. 본인이 속하는 주된 공동체는 어디라고 생각하시나요?

1. 민족 공동체

2. 지역 공동체

3. 가족 공동체

4. 직업 공동체

5. 종교집단

6. 말하기 어렵다.

7. 기타

13. 한국을 방문한 적이 있습니까? 있다면 어떤 목적으로 방문하셨나요?

1. 관광

2. 업무

3. 학업

4. 기타

14. 한국에 친척이 살고 있나요? 있다면 무엇을 하고 있나요?

    1. 직장에 다닌다

    2. 학교에 다닌다

    3. 기타

15. 한국인 사업가와 업무상 관계를 맺고 있나요?

    1. 그렇다

    2. 아니다

    3. 기타

16. 한국은 재외동포와 그들이 살고 있는 국가에 경제적 지원을 해야 합니까?

    1. 그렇다

    2. 아니다

    3. 생각해 본 적 없다

    4. 말하기 어렵다

17. 북한을 방문한 적이 있습니까? 있다면 어떤 목적으로 방문하셨나요?

    1. 관광

    2. 업무

    3. 학업

    4. 기타

18. 북한에 친척이 살고 있나요?

    1. 그렇다

    2. 아니다

    3. 기타

19. 북한 사업가와 업무상 관계를 맺고 있나요?

    1. 그렇다

    2. 아니다

    3. 기타

20. 한국 작가의 작품과 신문을 읽거나 한국 영화를 보나요? 그럴 경우 어떤 언어를 사용하나요?

    1. 러시아어

    2. 한국어

    3. 기타

답변에 감사드리며, 설문에 참여한 소감이나 제안사항이 있다면 적어주시기 바랍니다.

    작성자: 성명(성 이름 부칭)

    설문 참여 장소 및 날짜:

[첨부]

1. 러시아 한인 사회단체들

연해지역 한인연합회(AKOPII)는 2008년 3월 17일 설립되었다. 본 연합회는 블라디보스토크, 아르툠, 우수리스크, 나홋카, 파르티잔스크, 볼쇼이 카멘, 스파스크달니, 아르세니예프에 설립된 한인 사회단체 연합회이다.

박 발렌틴 페트로비치가 연해지역 한인연합회장을 맡고 있다.

연해지역 한인연합회의 적극적인 참여로 사회적으로 유의미하고 다양한 인문학, 문화, 스포츠 프로그램을 수행했다. 예를 들어 북한에 위치한 애국청년 캠프 "산도원(Сандовон)"에서 하계 방학 기간 연해지역 학생 연례 휴양 행사가 있으며 국제스포츠대회에 스포츠맨의 적극적인 참여를 독려하여 여러 차례 수상을 했다.

2014년 가을, 연해지역 한인연합회는 블라디보스토크에서 한인들의 자발적 러시아 이주 150주년 기념행사를 개최하였다. 독창적인 축제 콘서트를 열었다. 동시에 다른 무대에서는 남한, 북한, 중국과 러시아 4개국 출신 배우들의 출연 행사가 있었다. 연해지역 한인연합회는 북한 출신 배우가 참가한 가운데 블라디보스토크, 아르툠, 볼쇼이 카멘, 나홋카, 파르티잔스크, 우수리스크에서 순회 공연을 개최했다.

2016년 2월 연해지역 한인연합회는 연해주 행정청, 재단 "러시아의 평화" 지부와 함께 블라디보스토크에서 북한 학생 대표단을 맞이하였다. 블라디보스토크는 북한의 평양외국어대학에서 실시된 제1회 전(全)공화국 러시아어 올림피아드 우승자들이 방문한 러시아 최초의 도시가 되었다. 이것은 러시아와 북한이 우호를 체결한 교차 년(年)을 기념하기 위한 러시아와 한국의 인문학적 공동협력이라는 측면에서 아주 중요한 사건이다. 한인단체연합회에 속한 단체들:

연해지역 한인 지역사회 자선재단 "부활(Возрождение)"

우수리스크 시, 예르마코바 거리, 57.

전화: +7 924-737-58-12

honger.kim@mail.ru

회장: 김홍걸(Ким Хон-Гер)

한국이산가족 프리모르 지역위원회

전화: +7 914-715-74-96.

회장: 마가이 아나톨리 표도로비치

한인민족문화자치회 "수찬"

파르티잔스크 시, 콘둑토르스카야 거리, 23

전화:+7 914-791-01-53

회장: 김 알렉산드르 올레고비치

한인민족문화자치회 "예딘스트보(Единство)"

파르티잔스크 시, 오보가티텔리나야 거리, 6

Тел. +7 914-716-17-70

회장: 한 블라디미르 블라디미로비치

한인민족문화센터(НКЦК)

볼쇼이 카멘 시, 다치나야 거리, 36a

회장: 김 로라 니콜라예브나

한인민족문화자치회(НКАК)

나홋카, 미르 대로, 306-82.

전화: +7 914-727-4091

회장: 김 콘스탄틴 미로노비치

연해지역 한인민족문화자치회(НКАПК)

692503, 우수리스크 시, 아무르스카야 거리, 63, 한국문화센터(ККЦ)

전화/팩스: +7 (4234) 33-37-47

E-mail: sinmoon@mail.ru

회장: 김 니콜라이 페트로비치

ООО "민족문화센터"

아르툠 시, 클류체바야 거리, 1/1, 호텔 "라이텍스(Райтекс)", 24호.

전화: +7-908-994-4526

회장: 지 세르게이 트로피모비치

2. 인물들

◎ 강 발레리 블라디미로비치(Кан Валерий Владимирович)

연해주 입법회의 대의원. 2008년 3월 2일 제10 선거관구(우수리스크 구역, 옥탸브리스크 구역, 미하일롭스크 구역 대부분, 우수리스크시 일부)에서 입법회의 대의원으로 선출되었다. 2016년 9월 연해주 입법회의 대의원으로 선출되었다. 전(全)러시아 정당 "예디나야 러시아(Единая Россия)" 당원이며, 예디나야 러시아 연해 지구당 지역 정치회의 위원이다.

1978년 8월 21일 타시켄트에서 출생했으며 1994년 연해주에 왔다.

주로 활동하는 지역과 근무지, 직책: 유한회사 "알리얀스 투자 그룹과 건설(Альянс Групп Инвестиции и Строительство)"이며 발전부 사장이다.

2011년 쿠르스크 주 고등직업교육기관인 쿠르스크 공무대학을 졸업하였다.

1997년~1999년 우수리스크시 공공조직 "태권도연맹 손느이(Сон ны)"에서 트레이너로 활동하였다.

2001년~2007년 주식회사 "우수리스크 탁소파르크(Уссурийский таксопарк)"에서 개발 담당 엔지니어로 근무했다.

2007년부터 현재까지 유한회사 운송 생산 회사 "보야지(Вояж)"사의 회장으로 근무하고 있다.

2004년 3월 14일 우수리스크시 두마 의원으로 선출되었다. 2007년부터 지역간 태권도연맹(ИТФ) 회장을 맡고 있다. 태권도 유단자 4단으로 국제 태권도 지도자이자 A급 국제 태권도 심판이다. 2008년 10월 러시아 태권도연맹 집행위원회 회원이 되었으며, 2010년부터 러시아 장애인태권도연맹 부회장으로 활동하고 있다. 강 발레리 블라디미로비치는 열정적인 자선활동을 인정받아 2009년 "전러시아 장애인협회 명예회원"으로 위촉되었다. 2008년 3월 2일 강 발레리 블라디미로비치는 연해주 입법회의 대의원으로 선출되었다. 연해지역 전(全)러 인민전선 설립자이며, 2013년부터 전러 정당 "예디나야 러시아" 지역 정치회의 위원으로 활동하고 있다.

2013년부터 2015년까지 연해주 입법회의 산하 청년회의 의장으로 활동했다. 2015년 12월부터 지역사회단체 "러시아어문학 교사 아시아-태평양연합회" 간부회 임원이다.

◎ 김 게오르기 니콜라예비치(Ким Георгий Николаевич)

국립극동기술어업대학 총장, 기계공학 박사, 교수, 러시아연방 어업 분야 공훈 활동가.

1954년 4월 30일 안디잔주 팔반타시 마을에서 태어났으며 1979년 국립극동기술어업대학을 졸업하였다. 1979년 동대학 연구원으로 자신의 커리어를 시작하였으며, 1980년 기간 산업 부문 건설 담당 부총장으로 임명됐다. 이후 국립극동기술어업대학에서 국제관계 담당 부총장, 사회 교류 담당 부총장, 국립극동기술어업대학 연합직업연맹위원회 위원장 등 여러 직책을 두루 거쳤다.

2004년 국립극동기술어업대학 총장으로 선출되었으며 어업 부문 연방 지부 직업전문대학 총장 협의회 회장, 러시아 정당 "예디나야 러시아(Единая Россия)"에서 청년층의 활동을 주관하는 지역회의 부서기, 생태학·생활의 안전학 국제아카데미 정회원, 안정, 방위, 법률 수호 아카데미와 뉴욕과학 아카데미 회원이다. 2편의 저서, 2권의 교과서, 2권의 팜플렛과 30건의 발명을 포함하여 학술연구물은 108편에 달한다.

전문가 양성 및 교육에 기여한 공을 인정받아 "러시아 어업 공훈 활동가" 칭호, "러시아 함대 300주년 기념" 메달, "러시아연방공화국 최고 직업교육 명예 활동가" 배지, 국가어업위원회 상장, 국방부 상장 등을 받았다.

주소: 690087, 프리모르 크라이, 블라디보스토크 시, 루고바야 거리, 52Б

전화: 8 (423)244-03-06

팩스: 8 (423)244-24-32

E-mail: festfu@mail.ru

◎ 김 지나이다 니콜라예브나(Ким Зинаида Николаевна)

블라디보스토크시 두마 비상임 의원.

1953년 11월 18일 출생.

1976년 게르첸 레닌그라드 국립교육대학을 졸업했고 2002년~2005년 국립블라디보스토크 경제·서비스대학에서 수학했다. 직업 활동은 유치원 원장, 블라디보스토크 시 무역·서비스·공공급식국 국장을 지냈다. 전러시아 노병 사회단체인 "보예보예 브랏스트보(Боевое Братство)" 프리모르 지역국 회의 위원이며 사회단체 "러시아의 기둥(Опора России)" 회원이며 인민교육의 우수 교사이다.

http://viperson.ru/people/kim-zinaida-nikolaevna

더 자세한 것은 다음을 참고: http://primamedia.ru/news/516223/

◎ 김 클리멘트 블라디미로비치(Ким Климент Владимирович)

유한회사 "슬라뱐카 투르(Славянка Тур)" 대표이다. 여행업 외 생선, 해산물, 어류가공품 도매업, 기타 식료품 도매업에 종사하고 있다. 남한 여행사들과 협력 관계를 맺고 있다.

◎ 김 니콜라이 페트로비치 (백노코비치)
(Ким Николай Петрович (Пяк-Нокович))

연해주 민족문화자치회 회장이며 전러시아 한인연합 극동지역 담당 부회장이며, 사업가이자 사회 활동가, 문예·과학 후원자이자 후견인이다.

1955년 12월 9일 카자흐스탄 공화국 도스티제니예 마을에서 출생했다.

2007년 "조국에 대한 헌신" II급 메달, 2008년 러시아연방 공화국 지역발전국 표창장, 2013년 연해주 입법회의 표창장을 받았다.

도소매업을 하는 유한회사 "우정(Дружба)" 사에 근무하고 있으며 유한회사 "일출(Восход)" 사는 아누치노에 있는 목공제작 회사이며 유한회사 "여명(Рассвет)" 사는 신발 생산 공장이고 "아리랑 엔(Ариран-Н)" 사는 양돈장, 비닐하우스, 양어장을 운영하고 있다. 유한회사 "데모스(Дэмос)"는 야채, 과일, 건설 자재 등을 중국에서 수입하는 국제 물류에 종사하고 있고 세관 터미널은 수입품의 세관 수속을 담당하고 있다. 휴양소 "블라고다티(Благодать)"와 스포즈 콤플렉스 "우정(Дружба)"이 있다. 하바롭스크 시장에 있는 유한회사 "무노고랴도프(Многорядов)"는 공동 투자회사이며, 공동 투자회사 "고스스페츠압토(Госспецавто)"는 남한에서 생산된 자동차 관련 부품 및 전문 장비를 판매한다.

◎ 권 뱌체슬라프 바실리예비치(Квон Вячеслав Васильевич)

2016년부터 연해지역 스파스크달니 행정조직장을 맡고 있다.

아르툠 시관구 두마 전(前) 의장을 역임한 바 있다.

http://primamedia.ru/news/politics/04.08.2016/522719/
novoizbranniy-glava-spasska-dalnego-pokinul-post-spikera-
dumi-artema.html

1964년 7월 31일 연해지역 나데진스크 구역 타브리찬카 마을에서 태어났다.

1981년부터 1982년까지 타브리찬 광산건설 관리국에서 전기기사로 근무하였다. 1986년 악튜빈 하계 고등민간항공학교를 졸업하였다.

1986년부터 1998년까지 블라디보스토크 제145 항공부대(이후 주식회사 "블라디보스토크 항공")에서 비행기 조종사로 근무했다. 2005년부터 2012년까지 유한회사 "스타르트-1(Старт-1)" 사 사장을 역임했다. 2008년부터 2012년까지 아르툠시 관구 제6차 소집의회 두마 의원을 지냈으며, 전(全)러 정당 "예디나야 러시아(Единая Россия)" 당원이다.

2012년 10월 14일 아르툠시 관구 제7차 소집회의 두마 의원으로 선출되었다. 2012년 10월 25일부터 아르툠시 관구 제7차 소집회의 두마 의장을 맡고 있다.

◎ 오가이 세르게이 알렉세예비치(Огай Сергей Алексеевич)

네벨스코이 제독 명명 국립해양대학교 총장, 공학박사, 부교수. 1954년 12월 2일 하바롭스크 지역 소베츠카야 가반시에서 태어났다.

1971년부터 1976년까지 네벨스코이 극동 고등기술해양군관학교에서 수학하였다. "선박기계 및 장치"를 전공하였으며 성적우수자로 졸업하였다. 1976-1979년 동대학 박사과정을 이수하였다.

1995년부터 1996년까지 네벨스코이 극동국립해양아카데미 학술연구 분과장을 지냈다. 1996년부터 2007년까지 네벨스코이 국립해양대학교 부총장을 역임하였으며, 2008년부터 현재까지 동대학 총장으로 활동하고 있다.

연해지역 대학총장위원회 부위원장이며, 극동연방관구 총장위원회 소속이고, 해양·하천 운송 연방지부 교육위원회 위원이다. 블라디보스토크 해양협의회 회원이며, 러시아지리학회 극동분과(아무르 지역 연구회) 회원이기도 하다. 러시아 교통아카데미 정회원으로 동 학술원 극동분과장을 맡고 있다. 극동 소재 "러시아 항행의회" 동맹 대표이자, 연해주 수송정책 공공전문가위원회 의장으로 활동하고 있다.

◎ 박 발렌틴 페트로비치(Пак Валентин Петрович)

나데진스크 행정구 두마 의장이자, 고려인협회장이다. 1950년 7월 2일 연해주 카발레로보 마을에서 출생했다. 아버지는 적군에 포함되어 한국전쟁에 참가했다. (http://www.zrpress.ru/business/primorje_02.07.2015_73159_izvestnyj-primorskij-biznesmen-i-obschestvennyj-dejatel-valentin-pak-otmechaet-65-letie.html)

극동기계대학 광산학부를 졸업했다. 러시아 작가동맹 회원이며, 극동에서 국가 훈장 "선행"상을 빋은 최초이자 유일한 사람이다. 러시아 작가동맹이 주는 국제적 규모의 "제국문화상"을 수상한 바 있다.

극동 한인 이주에 관한 온전한 지도 부흥에 개인적으로 많은 기여를 했다. 남북한 총영사 만남을 10차례 이상 성사시켰다. 박 발렌틴 페트로비치는 처음으로 북한, 일본, 베트남, 남한 4개국 총영사를 집결시켰다. 2016년에는 최초로 북한, 남한, 미국, 베트남, 일본 5개국 총영사를 한자리에 불러 모아 친선 모임을 가졌다.

2014년 역사적인 국제행사 "자동차 랠리 러시아-북한-남한-2014"에 자금을 지원하였다. 남한 대통령 직속 평화통일자문회 위원이다. 지역에서 최초로 신문사 "동방의 아침"을 설립했으며 저서 "발렌틴"을 출간했다. 3부작 영화 "자유로운 나데즈다의 땅" 제작자이다.

1974년 쿠이브이셰프 명명 극동폴리텍대학을 졸업하였다. 1974년부터 1989년까지 산림 숙련공, 볼노나데진스크 마을 수문 야전 탐험대 부대장으로 근무하였다. 2005년 사회단체 "연해주 기업가 연맹"을 설립했으며 2006년부터 현재까지 연해주 한인단체 연합(АКОРП)의 회장을 맡고 있다. 2006년 TV·라디오 방송국 "아븐(АВН)"을 개국하였으며, 2007년 연해 러시아 정교회 여자 수도원 수녀들에게 건물을 기탁하였다. 2007년 러시아정교의 명예를 위해 바친 노력과 열성을 인정받아 주교상을 받았다.

008년 "나데진스크 행정구 명예시민" 칭호를 받았으며, 나데진스크 행정구 두마 의원으로 선출되었다. 2009년부터 현재까지 나데진스크 행정구 두마 의장을 역임하고 있다.

2009년 러시아에서 첫 국제 신문 "동방의 아침"을 출간했다. 현재는 "경쟁자(Конкурент)", "동방의 아침(Утро России)", "비즈니스 신문(Бизнес-газета)" 등 4개 주(州) 신문사의 창립자이다.

2010년 출판사 "발렌틴"을 설립했으며 2012년 러시아작가동맹 회원으로 선출되었고 2013년 러시아 작가동맹이 주는 "제국의 문화" 상을 수상했다.

2014년 국제 평화 활동 "자동차 랠리 러시아-북한-남한-2014"을 주도적으로 조직했다.

2015년 러시아연방 국가상 "선행"을 수상했다. 그밖에도 북한으로부터 4차례, 남한으로부터 1차례 정부 표창을 받았다.

2015년 한·러 우호 150주년 기념행사를 조직하였다. 기념행사 개회식에 북한, 남한, 미국, 베트남, 일본, 인도 총영사, 연해주 지도층 인사 및 지역 활동가들이 초청되었다.

2015년 푸시킨 묘지 옆에 위치한 스뱌토 우스펜스키 스뱌토고르스키 남자 수도원에 종을 복구하여 선물했다.

2015년 박(В. Пак)이 PD 겸 시나리오를 집필한 영화 "자유로운 나데즈다의 땅"을 제13차 국제영화제 "태평양의 자오선(Меридианы Тихого)"에 출품했다. 2016년 스레텐스키 영화제에 영화를 출품하여 최우수상을 수상하였다. 2015년 UN 산하 세계공익연맹으로부터 금상을 수상하였다.

2016년 북한 평양외국어대학에서 개최된 러시아어문학 올림피아드에서 우승한 북한 학생대표단 방문을 조직하고 재정 지원을 했다. 2016년 음력 설을 맞이하여 북한, 남한, 미국, 베트남, 일본 총영사의 만남을 조직했다. 2016년 모스크바에서 개최된 제16차 민족아침기도회에 참가했다. 2016년 러시아 황태자 니콜라이 블라디보스토크 체류 125주년 기념에 맞추어 3부작 "황태자의 동방 여행", 클라르크(Ф. Э. Кларк)의 "위대한 시베리아 철도", 브리너(Р. Бриннер)의 "제국과 오디세이"를 출판했다.

2005년 나데진스크 구역, 하산 구역, 아르툠시와 우수리스크시에 연해지역 기업인 협회 "유즈노프리모르스키(Южноприморский, [남연해주 – 역자 주])"를 조직했다.

◎ 박 율리야 발렌티노브나(Пак Юлия Валентиновна)

연해지역 기업인 협회 "유즈노프리모르스키" 협회장을 맡고 있으며, 연해지역 기업인 공적위원회도 함께 이끌고 있다. 박 발렌틴 페트로비치(В. П. Пак)의 딸이다.

◎ 박 올렉 이고례비치(Пак Олег Игоревич)

신경외과의 권위자로 의학박사이며 극동연방대학 의료센터 의사이자 센터장, 연해주 소아신경외과 과장이다.

https://www.dvfu.ru/med/about-clinics/?clear_cache=Y

1971년 우즈베키스탄 타시켄트주 토이페프시에서 출생하였다. 그곳에서 금메달을 수상하면서 중등학교를 졸업했고 이후 타시켄트 시에 있는 중앙아시아 소아전문 의학대학에 입학했다. 3학년을 마친 뒤 블라디보스토크로 옮겨가서 1994년 블라디보스토크 국립의과대학 소아학부를 졸업했다.

블라디보스토크의 여러 의료기관에 근무했고 최근에는 보건국가예산기관 "다양한 형태의 의료를 담당하는 크라이 의료 센터" 신경외과, 기형 교정과, 창상과 과장으로 근무하고 있다.

2005년 "소아 조기진단, 외과요법이 아닌 최소 시술 수두 외과 치료"라는 주제로 박사학위를 받았다. 한국, 미국, 영국, 오스트레일리아, 체코, 일본 등으로 수차례에 걸쳐 전문가 연수를 다녀왔으며 영어와 한국어를 자유롭게 구사한다.

◎ 최 에두아르드 예브게니예비치(Цой Эдуард Евгеньевич)

2016년 연해주 입법회의 대의원.

1963년 5월 24일 연해주 파르티잔스크에서 출생.

2007년 국립연방고등직업교육학교 "국립극동기술어업대학" 졸업.

1982년~1990년 교통시설물 기술 서비스 분야에서 활동.

1990년~2001년 개인회사 운영.

2001년부터 현재까지 소수민족 이텔멘(Ительмен [캄차트카 소수민족 – 역자 주]) 단체 "알르이크(АЛЫК)" 대표, 684111, 캄차트 주, 우스티볼셰레츠키 구역, 자포로지예 마을, 첸트랄나야 거리 40번지 23호

활동 영역: 어류 · 해산물 가공품 및 통조림; 어류 · 해산물 통조림 도매업. 기타 도매업.

최 에두아르드 예브게니예비치의 다른 회사:

유한책임회사 "델타 서비스":

690003, 블라디보스토크 시, 니지네포르토바야 거리 3번지 개인 부동산 임대업.

유한회사 "리카 서비스":

115054, 모스크바 시, 볼쇼이 스트로체놉스키 거리 7번지.

식료품 외 소비재 도매업.

2015년 9월부터 연해지역 한카이(Ханкай) 구역두마 의원으로 활동하고 있다. 식료품 정책 및 자원 개발 담당 입법소집위원회 부의장이다.

슬하에 두 딸과 세 아들의 다섯 자녀가 있다.

◎ 우수리스크시 명승지

최재형의 집. 표트르 세묘노비치 최의 가족이 살았던 집이다.

기념비는 2010년 11월 2일 우수리스크 시 볼로다르스키 거리 38번지에 설치되었다.

1904년~1905년 러일전쟁이 끝난 뒤 극동에 한민족의 항일투쟁에 영향을 준 한인항일센터를 설립했다. 1908년 니콜스크 우수리스크 시에 리유천(Ли Ючхон), 리범윤(Ли Бомъюн), 엄영선(Эм Энсон, 엄인섭), 안택인(Ан Тхэкин)과 그의 형제 안중근(Ан Джунгын)과 함께 한인회 지부를 조직했다. 1917년 1월 니콜스크 우수리스크 시에 "전러한인협회"를 설립했는데 여기에는 러시아신민도 해외 한인도 모두 참가할 수 있었다. 이 협회는 한인의 정치적 정서에 큰 영향을 주었다. 1918년 11월 7일 신문 "학생들의 목소리(Голос учащихся)" 창간호가 발행되었는데 신문에 니콜스크 우수리스크 시 문학 동아리에서 활동하는 한인 학생들이 글을 발표했다. 창간호는 다음과 같은 호소문으로 시작되었다. "한국의 젊은이 여러분! 지금부터 여러분의 모든 힘을 쏟아 붓고 여러분의 천부적 재능과 능력을 배가시키십시오. 여러분의 독립과 자유를 되찾으십시오! 신문을 발행하는 목적의 하나는 숭고한 한국인의 가슴에 이런 뜨거운 말들을 되새기는 것입니다."

항일독립운동을 선포했음에도 불구하고 한국 애국지사들은 자신의 목적인 한국의 해방을 달성하기 위해 복잡한 정세를 이용하려고 했다. 연해주 항일운동의 지도자인 표트르 세묘노비치 최(최재형)은 1919년 파리평화회담에 파견될 한국 대표자로 선출되었다.

1919년 3월 17일 니콜스크 우수리스크에서 전한민족회의 대한독립선언서를 받았다. 바로 이날 니콜스크에서 회의 소집에 관한 대규모 항일시위가 있었고 여기에는 수백 명의 한인들이 참가했다. 1920년 4월 4일~5일 일본인들은 프리모르 평화회담을 파기하고 일본 주둔군이 있는 모든 곳에서 무력 침략을 감행했다. 그들은 빨치산 부대와 혁명군 주둔지를 공격했다. 그들은 아주 잔인하게 한인 빨치산 대원들을 징벌했다. 일본인들은 적극적인 무장 투쟁에 참가하지 못하도록 아주 잔인한 방법으로 한인들을 강요했다. 하지만 1920년 사건 이후 한인 빨치산의 적극성은 더 강화되었다. 이것은 니콜스크 우수리스크 한인이 내전과 민족해방운동에 참가하게 된 중요한 계기가 되었다. 물론 표트르 세묘노비치 최는 이 사건의 핵심 인물 중 한 사람이었다.

http://www.koryo-saram.ru/chhve-dzhehyon-zhil-zdes/; Russian Koreans-독립국가연합의 한인-고려사람, https://www.vk.com/wall-34822693_17939

2016년 1월 18일 연해지역 한인 민족문화자치회의 김 니콜라이 페트로비치(Н. П. Ким)가 다음과 같이 발표했다. 우리는 사회단체가 아니며 공인도 아니지만 러시아와 독립국가연합의 여러 나라에 거주하는 의식이 있는 모든 한인들은 이와 유사한 질문을 가지고 있을 것이라고 생각한다. 지금처럼 복잡한 시기에 현실적으로 중요한 사업에 재정적 지원을 할 수 있는 분들은 각자의 형편에 맞게 지원을 해 주실 것을 요청한다.

호소문
"러시아와 독립국가연합 한인단체 지도자 여러분들에게"

존경하는 한인사회단체 지도자 여러분!

우수리스크 시에 위치한 연해지역 민족문화자치회 이름으로 호소합니다. 많은 러시아 한인들은 우리 단체가 어떤 활동을 하는지 알고 있습니다. 우리 단체의 활동 방향은 민족 전통과 교육의 부흥입니다.

연해주는 러시아 한인의 역사가 시작된 곳이고 우리 아버지와 할아버지가 가장 먼저 발을 디딘 곳입니다. 우리 단체는 러시아 한인의 역사와 관련된 역사적 사건들을 재구하는데 가능한 모든 노력을 기울이고 있습니다. 우리 도시에는 한인 지도자이자 저명한 사회 활동가이고 정치인이었던 최재형(최 표트르 세묘노비치)가 생애 마지막 시간을 보낸 집이 보존되어 있습니다. 최재형은 러시아 한인의 삶에 많은 기여를 했고 연해지역에서 항일운동을 이끌었습니다. 연해지역 한인들은 이 집을 매입하기를 희망했고 이를 위해 오랫동안 힘을 쏟았습니다. 역사적 사건을 확인하고 해결하는데 이미 10년의 세월을 보냈습니다.

2015년 우수리스크 시 한인민족문화자치회는 이 집을 매입했고 최재형 박물관을 건립할 계획을 세웠습니다. 하지만 건물 보수를 하려면 자금이 필요합니다. 러시아와 독립국가연합의 모든 한인들에게 우리 계획에 대한 지지와 경제적 지원을 호소합니다. 현재 연해지역의 한인들은 이미 모금을 시작했습니다. 우수리스크 시 한인민족문화자치회는 최재형 박물관 펀드를 조성했습니다.

존경하는 동포여러분, 여러분의 지원을 부탁드립니다. 우리가 먼 거리에 떨어져 살고 있음에도 불구하고 우리 모두를 하나로 연결시킬 수 있는 사건이고 결코 우리가 잊어서는 안 되는 사건입니다. 이것은 모두의 역사이고 우리 선조에 대한 기억입니다. 세대 간의 교류를 단절시키지 않고, 우리의 아이들이 우리처럼 자신의 역사를 인지하고 존중하도록 위해 우리는 하나가 되어야 합니다.

심심한 감사를 표합니다.

연해지역 한인 민족문화자치회장
김 니콜라이 페트로비치
법률상의 주소: 우수리스크시 한인 민족문화자치회

692503, 연해주, 우수리스크 시, 아무르스카야 거리, 63, 전화/ 팩스. (4234) 33-37-47

e-mail: sinmoon@mail.ru

은행 계좌: 40703810100229000014

공개 주주 회사: 블라디보스토크 시 《극동은행》

은행 코드: 040507705

거래 은행 계좌: 30101810900000000705,

납세자 번호: 2511031718

감독 통과 번호: 251101001

국가 등록 기본 번호: 1042500000190

기본 지불 방법: 펀드 최재형의 집-박물관에 기부

◎ 최재형(최 표트르 시묘노비치, 1860~1920)의 생애

1860년 8월 15일 함경북도 경원 지방 최흥백(Цой Хын Пека)의 차남으로 태어났다.

1869년 아버지, 큰형과 함께 연해주 티진허 마을로 이주했다.

1871년 집에서 도망 나와 포시에트에 정박하는 러시아 상선에서 사동으로 일하면서 표트르 세묘노비치라는 러시아 이름을 얻었다.

1871년~1877년 러시아 상선에서 사동으로 6년 동안 일을 하면서 선장 부부의 도움으로 러시아어문학을 익혔다. 두 차례 블라디보스토크-페테르부르크 여행을 하면서 세계 문화에 대해 알게 되었다.

1878년 블라디보스토크에 있는 무역회사에서 3년 간 일을 했다.

1881년 얀치허에 와서 가족과 재회했다.

1882년 라즈돌리노예 크라스노예 마을 건설국에 통역관으로 근무했다. 첫 결혼으로 아들과 두 딸을 얻었다. 아내는 넷째 출산 도중 아이와 함께 사망했다.

1886년 한인을 위한 장학금을 마련하여 페테르부르크와 러시아의 다른 대도시에 보냈다.

1888년 "도로 건설에서 보인 열성과 헌신" 은메달을 받았다.

1891년 얀치허에 니콜라옙스키 초등학교를 개교했다.

1893년 한인으로서는 처음으로 마을 읍장이 되었고 2회에 걸쳐 은메달을 수상했다.

1894년 페테르부르크에서 개최된 전(全)러시아 읍장 회합에 참가했다.

1896년 페테르부르크와 모스크바에서 열린 니콜라이 황제 대관식에 참석했다.

1897년 김 엘레나 페트로브나와 재혼하여 아들 셋과 딸 다섯을 두었다.

1899년 얀치허의 니콜라옙스키 초등학교는 하바롭스크에서 열린 "교육" 박람회에 참가하여 동메달을 수상했다.

1902년 러시아 한인 사이에 항일운동단체를 조직했다.

1904년 러시아정부로부터 최고의 상인 금메달을 수상했다.

1905년 6개월 동안 일본의 대한(對韓) 정책을 파악하기 위해 일본 여행을 감행한 뒤 노보키옙스크로 갔다.

1906년 첫 한인 빨치산 부대를 조직했다.

1908년 한인협회를 조직하여 회장이 되었다.

1910년 슬라뱐카로 이주했다.

1911년 일본인의 밀고로 연해주에서 추방하겠다는 위협을 받았다. 읍장직에서 물러났다. 같은 해 6월 "노동발전협회"를 조직했다.

1913년 특별 전체회합에서 "노동발전협회" 회장으로 선출되었다. 한인 대표 7인에 포함되어 로마노프 박물관 300주년 기념식에 참가했다.

1914년 "노동발전협회" 회장, 한인 러시아 이주 50주년 기념식 조직위원회 의장으로 활동했다.

1915년 제1차 세계대전 당시 러시아군 지원을 위한 펀드를 조성했다.

1916년 슬라뱐카에서 러시아군에 체포되어 니콜스크 우수리스크로 이송되었으나 풀려났다.

1917년 2월 혁명 이후 얀치허 읍 집행위원회 의장으로 임명되었다.

1918년 니콜스크 우수리스크로 이주했고 지방자치회 회장과 심사위원회 회장으로 임명되었다.

1919년 1월~2월 파리평화회담 한국 대표로 선출되었다. 3월 대한민국 임시정부 소집회의 외무부 장관으로 임명되었다. 4월 상하이에서 출범한 대한민국 임시정부 재정부 장관으로 선출되었다.

1920년 4월 5일 일본에 체포되어 김이직(Ким И-Чик), 엄주필

(Ом Чу-Пил), 한경섭(Хван Кён-Соб)과 함께 사형되었다.

http://koryo-saram.ru/obrashhenie-obshhestvennoj-orga..

러시아 한인 1세대이자 평화기와 격변기에 지도자, 애국지사, 시민으로서의 삶을 살다간 최재형에 대해서 몇몇 지위를 부여했다:

http://vk.com/wall-34822693_13360

http://vk.com/wall-34822693_13362

http://vk.com/wall-34822693_13363- 남한 TV 방송국 KBS, 표트르 세묘노비치 기념 방송

다문화 가족에 대한 언론매체 기사

마리나 윤: 결혼에 대해.

비슷한 외모는 최후의 고려 대상이다. 다문화 결혼의 특성은 국제가정의 날 전날 방송되는 UssurMedia의 자료를 참고하라.

우수리스크 시, 2016년 5월 15일. UssurMedia.

우수리스크 시에 거주하는 윤의 가족에 대해서는 많은 이야기들이 오간다. 마리나 윤은 우수리스크 유명 디자이너로 아르메니아인이며, 한국인 남편을 둔 아내이다. 타민족 청년들과 교제 중인 여성들은 5월 15일 국제가정의 날에 즈음하여 방송되는 가족 관련 프로그램에 관심을 기울여야 한다고 UssurMedia 통신원 마리나 윤은 말하고 있다.

Q. 마리나, 당신이 다른 민족 청년과 결혼하겠다고 생각한 것은 언제쯤이며 이에 대해 부모님의 반응은 어땠나요?

A. 아마 모든 부모님은 자식들이 같은 민족의 배우자를 만나기를 원할 겁니다. 제 부모님도 예외는 아닙니다. 저는 과거에 원하는 남자와 결혼해야겠다고 생각했습니다. 꼭 한국 청년과 결혼해야겠다는 생각은 없었어요. 하지만 저도 잘 모르겠어요. 왜 그렇게 생각했는지!

Q. 당신의 선택 기준은 그리 엄격하지 않았다는 말이겠지요? 같은 민족 출신의 청년과 꼭 결혼해야겠다고 생각을 하지는 않았다는 거죠?

A. 연해주에는 한국인을 포함하여 다양한 문화를 가진 사람들이 무척 많습니다. 어린 시절 같은 반 친구 가운데 한국인들이 있었어요. 비록 주위에 많은 민족이 있었고 특정 민족을 배제하지는 않

았지만 한국인과 결혼해야겠다는 생각을 해 본적은 없어요. 이런 일이 실제로 일어났을 때 격한 감정을 느꼈지만 부모님은 그런 급작스런 변화에 준비가 안 된 상태였어요. 부모님은 제 선택을 알고 나서 진지한 감정이 아닐 것이고 시간이 지나면 바뀔 것이라며 제 선택을 받아들이지 않았지만 특별히 어떤 행동을 취하지는 않았어요. 그래도 같은 민족의 청년과 사귀어야만 한다는 말을 하셨어요. 하지만 저는 제가 원하는 데로 했어요.

Q. 어떻게 만나게 되었나요?
A. 파벨과 저는 이미 8년 전부터 사귀었어요. 우리 둘이 아주 친하게 지내는 청년이 있었는데 저처럼 아르메니아인이었어요. 제 미래의 남편이 사귀게 해달라고 부탁했지만 그 친구는 이렇게 말하면서 거절했다고 해요.
"생각도 하지 마. 아주 엄격한 집안의 아가씨야. 너와 절대로 결혼하지 않을 거야."
이 말은 그를 자극했고 인터넷을 통해 저를 찾았어요. 저는 이것을 진부하거나 통속적이라고 생각하지 않았어요. 우리는 편지를 주고받다가 만나게 되었어요.

Q. 당신 부부는 문화, 생활양식이 다릅니다. 그것을 받아들이기가 어렵지 않나요?
A. 저는 아르메니아와 한국문화에서 유사한 관습이 무척 많고 정서도 비슷하다는 사실에 무척 놀랐어요. 가정은 각양각색이지만 삶, 진실, 거짓, 좋은 것과 나쁜 것에 대한 생각, 윗사람과 여인에 대한 존중은 같아요. 남편과 저는 가치관이 같아요.

Q. 가정에서 명절을 기념하나요?

A. 솔직히 말해서 남편은 전통 명절을 좋아하지 않아요. 그래서 우리는 명절을 특별히 기념하지는 않아요. 그런데 추석이 부모님의 날과 같아서 자연스럽게 묘지에 가서 돌아가신 분들을 회상합니다. 장남의 첫돌은 한국의 전통을 따라서 성대하게 보냈어요. 아르메니아인은 아이의 돌에 특별한 행사를 하지는 않습니다. 그외 다른 명절은 기념하지 않아요.

Q. 남편의 부모님은 어떻게 대해주십니까?

A. 남편 부모님은 제가 "나쁜 며느리"라고 느낄만한 원인을 결코 제공하지 않아요. 오히려 그들로부터 칭찬을 더 많이 듣죠. 시부모님이 제가 뭘 해도 더 잘한다며 다른 한국 며느리들에게 좋은 예로 꼽을 때마다 기분이 무척 좋답니다.

Q. 가족들은 한국 음식과 아르메니아 음식 중 어떤 음식을 더 좋아하나요?

A. 한국 음식을 더 자주 먹어요. 남편이 부모님이 해준 익숙한 음식을 더 좋아하기 때문이에요. 그래서 새로운 음식을 만들려고 애쓰지 않아요. 무언가를 더 집어넣으면 남편은 싫어해요. 솔직히 저도 한국 음식이 좋아요. 한국 음식 요리법을 차곡차곡 배워왔어요. 어떤 음식은 금방 만들기 시작했지만 어떤 음식은 좀 이후에 만들게 되었어요. 지금까지 나에게는 새롭지만 남편에게는 익숙한 음식을 만들어왔고 무언가를 더 집어넣지도 않았어요. 물론 아직도 배우고 있다고 말할 수 있어요. 가끔은 러시아 음식이나 아르메니아 음식도 먹어요.

Q. 누가 가장이 되어야 합니까?
A. 물론 남편입니다.

Q. 당신은 직업이 무엇입니까?
A. 저는 인테리어 디자이너지만 패션 디자인을 좋아합니다. 지금은 패션 디자이너 과정에 다니는데 과정이 끝나면 제 옷뿐만 아니라 다른 사람들의 옷도 만들 수 있을 겁니다. 아이는 아들 아르투르와 딸 키라 둘입니다.

Q. 아이들에게 민족 언어를 가르칩니까?
A. 물론 언어는 알아야만 합니다. 아들은 러시아로 말하고 제가 아르메니아어로 말하는 것을 이해합니다. 아빠와 아빠 쪽 친척들이 아들에게 한국어를 가르치려고 준비 중입니다. 세 가지 언어로 말하게 되겠죠.

Q. 타민족 남성을 삶의 동반자로 맞으려는 여성들이 염두에 두어야 할 점은 무엇이라고 생각하세요?
A. 이 문제는 다분히 개인적입니다. 일반화 시켜서 말할 수는 없어요. 해서는 안 되는 일도 있고 해야만 되는 일도 있어요. 저는 이미 오래 전에 민족의 경계가 없다는 사실을 깨달았어요. 중요한 것은 과거에는 "타인"이었지만 성격, 교육 정도, 정서가 맞아야 한다는 거예요. 외모는 가장 마지막에 고려할 사항이죠.

Q. 행복한 가정의 비밀에 대해 말해 줄 수 있나요?
A. 가족 관계의 비밀에 대해서 잘 모르겠어요. 한평생을 함께 하고

있는 부부에게 물어봐야겠죠. 무엇보다 중요한 것은 서로에 대한 존중이라고 저는 생각해요. 사랑은 당연한 거고요. 서로를 존경하지 않으면 안 된다는 사실 두말할 나위가 없겠죠.

2부

연해주와 하바롭스크주 러시아 한인들의 정체성 형성

– 역사적 경험과 현재 상황

서론

1. 초국적 사회: 정체성 규정을 위한 구성주의적 접근

2. 러시아 한인 정체성 형성의 역사적 특징

3. 초국적 공간 형성의 특징

결론

서론

　본 연구의 주된 목적은 동북아시아의 범한인(pan-Korean) 정체성 형성에 있어, 러시아 극동 연방관구 남부지역 거주 러시아 한인들의 역할을 분석하는 데 있다. 역사적, 인구통계학적, 국제적 요인을 포함한 총체적인 일련의 요소들이 해당 지역 선정에 기인하였다.

　연구 목적 달성을 위해 본 논문에서는 국제적 협력과 평화적 발전 과정에 있어, 정체성과 다민족 공동체의 역할에 대한 구성주의 지향적 대표자들이 견지하는 입장을 다룰 것이다. 구성주의 이론에서 민족성과 정체성은 개인이나 실제적 민족 동일집단이 지닌 인식의 특권이다. 민족적 특징을 구분하는 범주는 민족론의 고전적 정의에서처럼 명확하지 않으며 모호한 표상과 징후의 형태로 존재할 뿐이다.

　본 연구는 두 개의 한국 간 관계에 나타난 현안을 분석하는 맥락에서 고려인 디아스포라의 형성 및 발전 궤도 탐구를 전제한다. 특히 이 과정에 정재계, 문화계, 교육계에서 부단한 노력 덕분에 일정 지위에 오른 연해주와 하바롭스크지역 고려인들의 역할이 컸는데, 이는 해당 지역 고려인들의 활동이 정량연구를 가능하게 해 주었기 때문이다. 여기서 무엇보다 사회운동과 지역 단계에 부합한 민간외교에 적극적으로 참여한 러시아 한인 사회단체가 주된 역할을 했음에 주목해야 한다. 이 단체들은 지역 차원에서 민간 외교관으로, 공적인 차원에서 능동적으로 참여하는 역할을 담당하고 있기 때문이다.

본 연구 주제의 효용성은 러시아 극동지역 고려인 디아스포라의 민족문화적 가능성과 잠재력을 분석하고, 민족정체성의 견고도를 규명하며, 민족적 무관심으로 흐르게 하는 비전통적 여건 내 변화 수준을 정의내리는 데 있다.

행정·법률문건, 통계·기록 자료, 필자의 인터뷰 및 설문 자료, 대중매체 산물들이 연구 참고문헌의 토대를 이룬다. 이 가운데 특히 한국국제교류재단의 지원으로 출간된 러시아 극동국립역사문서보관소 문헌 자료에 주목할 필요가 있다.[1] 자료집 제1권은 1864년 9월~1917년 3월까지 연해주 지역으로 이주한 한인의 이주 절차 해결에 필요한 러시아 행정청의 전제와 정책을 기술하는 문서를 담고 있다. 자료집 제2권은 복잡다단한 혁명적 변혁기였던 1917년~1923년 한인 디아스포라 삶의 역사를 담고 있다.

통계자료로는 인구총조사 자료가 인용되었다. 예컨대 2010년 러연방 인구총조사 자료에 따르면 총 53,156명의 러시아 한인 중 56,973명이 극동연방관구에 거주하고 있다. 그밖에 사할린주에 24,993명, 연해지역에 18,824명, 하바롭스크지역에 8,015명, 아무르주에 1,756명, 사하공화국에 1,421명, 캄차트카지역에 1,401명, 마가단주에 183명, 유

---

1) Корейцы на российском Дальнем Востоке (вт. пол. XIX – нач. XX вв.). Документы и материалы. Владивосток: Изд-во Дальневост. ун-та, 2001. – 380 c. Корейцы на российском Дальнем Востоке (1917-1923 гг.). Документы и материалы. Владивосток: Изд-во Дальневост. ун-та, 2004. – 320 c.

대인 자치주에 352명, 추코트카 자치구에 28명이 거주하고 있다.[2] 물론 지난 시간동안 수치에 변동이 있었을 것으로 추측되지만, 고려인들이 사할린주와 연해 및 하바롭스크지역에 집거하는 추세가 강하다는 사실이 중요하다.

본 주제와 관련해 러시아어로 된 방대하고 다양한 자료들이 있다. 이 중 주로 우즈베키스탄과 카자흐스탄 고려인들의 동정과 활동상을 상세히 알려주는 "고려사람 корё сарам"은 본 연구에서 독보적인 자리 매김을 하고 있다.[3]

러시아 지방 고려인들의 정체성 연구에 고한 학술자료 출판물은 따로 구분 지을 필요가 있다.[4]

---

2) Всероссийская перепись населения 2010. Том 1. Численность и размещение населения. // Федеральная служба государственной статистики: официальный сайт. http://www.gks.ru/free_doc/new_site/perepis2010/croc/perepis_itogi1612.htm

3) Ким Г.Н., Мен Д.В. История и культура корейцев Казахстана. Алмааты:Гылым, 1995; Ким Г.Н. Коре сарам: историография и библиография. Алматы: Казак университети, 2000; Хан В.С. К вопросу об этнокультурной идентичности корейцев Узбекистана (по данным социологического исследования)// История, культура и быт корейцев Казахстана, Кыргызстана и Узбекистана. -Бишкек, 2003; Хан В.С. Коре Сарам: кто мы? (Очерки истории корейцев). Изд. 3-е, перераб. Бишкек, ИЦ АРХИ, 2009, Хан В.С. Как излагаются история и судьбы корё сарам в публикациях корейцев СНГ? // 1937 год: русскоязычные корейцы — прошлое, настоящее и будущее. М., «Аквариус», 2018. С. 55-69.

4) Бугай Николай. Российские корейцы: перемены, приоритеты, перспектива. М., 2014, Волкова Т.В. Российские корейцы. К вопросу о самоидентификации // Этнографическое обозрение. 2004. № 4. С. 27-42; З. Забровская, Л. В. Российские корейцы и их связи с родиной предков (1990—2003 гг.) // Проблемы Дальнего Востока. - 2003. - № 5. Ким Е. В. Российские корейцы: грани этнической идентичности // Азия и Африка сегодня. – 2013. – Вып. 2. - С. 52-56. Ли Н.А. Условия и барьеры социокультурной интеграции корейской субобщности на Юге России. // Теория и практика общественного развития. 2013, № 9, с. 39-42.

과거부터 현재에 이르는 러시아 극동지역 고려인들의 활동상을 다양한 관점에서 고한 출판물은 방대한 양이 특징이다. 따라서 본 논문에는 가장 본질적인 연구물만 인용되었다.[5]

고려인 디아스포라의 민족 정체성과 해외 이주에 관한 출판물도 구분할 수 있겠다.[6] 연방과 지자체 지원을 통해 러시아 내에서 유리한 여건을 조성하고, 연해지역 문화를 보존하는 과정에 연구자들은 주목하고 있다.

본 주제 연구에서 연해 및 하바롭스크 지역 대다수 고려인을 전문용어로 «러시아 한인» 집단으로 묶고, 기준에 따라 100개가 넘는 기타 민족 집단 중 하나로 구분 지을 수 있음을 증명할 수 있다.

연해지역은 다민족 공동체 개념이 생활에서 지속적으로 구현되는 곳이다. 예컨대 1996년 6월 17일자 연방법 제74호 «민족문화 자치에 관하여»에 따르면, 지방정부 산하에 민족문화자치 자문위원회가 결성되어 있다. 미하일롭스키 자치지구 소속 자문단에서 활동하고 있는 고려인들로 안 마리나 뱌체슬라보브나(Ан Марина Вячеславовна)와

---

5) Дин Ю. И. Корейская диаспора Сахалина: проблема репатриации и интеграция в советское и российское общество. Южно-Сахалинск: ОАО Сахалинская областная типография, 2015 – 332 с.; Пак Б. Д. Корейцы в Российской империи. Иркутск, 1994; Петров А.И. Корейская диаспора на Дальнем Востоке России. 60-90е годы XIX века. Владивосток, 2000, Петров А.И. Корейская диаспора в России. 1897-1917 гг. Владивосток, 2001.; «Корейская деревня» в Приморье: один из проектов «национального возрождения». // Этнографическое обозрение, 2008, № 4. С. 37-44; Глава 15. Региональная политика и трансграничные миграции в Приморском крае. С. 391- 436. // Россия двухтысячных: Стереоскопический взгляд. Под ред. Генри Хейла и Ивана Куриллы. М.: Планета, 2011. 512 с.

6) Ким А. С. Транснациональность корейской диаспоры в Дальневосточном регионе. // Пространственная экономика. – 2006. – Вып. 4. – С. 123-133. Киреев А.А. Корейцы на российском Дальнем Востоке: диаспора или субнациональная общность? // Известия Восточного института. 2012, № 1. С. 57-69; 17, Православие и корейцы: сборник статей. /Авт.-сост. В. Пак, Г. Ким, В. Чен. Владивосток, 2017.

김 니나 블라디미로브나(Ким Нина Владимировна) (이하 순얏센 (Сунятсен) 농촌지구), 강 옐레나 겐나디에브나(Кан Елена Генна дьевна)와 세라야 류드밀라 그리고례브나(Серая Людмила Григо рьевна) (이하 오시노프(Осинов) 농촌지구), 오가이 게오르기 블라 디미로비치(Огай Георгий Владимирович) (크레모프(Кремов) 농촌지구)가 있다.[7] 게다가 다른 민족대표들도 한두 명씩 자문위원으로 활동 중인데 여기에 아제르바이잔인, 아르메니아인, 벨라루시인 2명, 그루지아인, 쿠르드인, 몰다비아인, 오세티아인, 루마니아인, 타타르 인, 우데게이인, 우크라이나인 2명과 울차인이 포함되어있다. 이 명단 은 연해지역 민족구성의 다양성을 보여주는 좋은 본보기라 하겠다.

2003년 전·러 사회단체 "러시아 민족회의" 지부가 설립되어 연방 차원에서 국가의 민족정책을 구현하기 위한 주요 기관으로 인정받았 다. 연해지역 거주민의 친선 강화를 위해 민족적 삶과 민족 간 교류의 당면 과제 해결에 필요한 정부 부처와 민족 공동제 긴 대회가 이 조직 의 테두리 안에서 이루어지고 있다.

"연해지역 민족회의"는 오늘날 연해지역에 거주하는 158개 민족의 고유문화 보존과 상호침투, 민족 및 종교적 관용을 사회에서 배우는 데 기여하고 있다.[8] 독창적인 문화와 전통을 보존하기 위해 연해지역 민족 대회, "친선의 길(Маршруты дружбы)", 민족 문화축제 및 페스티 벌 같은 문화 대중화 행사를 개최하고 있으며, 지방정부 산하에 주지사

---

7) Администрация Михайловского муниципального района. //www.mikhprim.ru/attachments/article/.../№%20315па%20от%20 25.04.2016%20r..doc

8) Официальный сайт Администрации Приморского края и органов исполнительной власти Приморского края //http://primorsky.ru/ news/122477/

를 의장으로 한 민족간 관계자문위원회도 운영 중에 있다.

2009년 연해주고려인협회(Ассоциация корейских организаций Приморского края (АКОРП)) 의장 발렌틴 박(Валентин Пак)은 "동방의 아침(Утро Востока)"이라는 민족간 신문을 연해지역 최초로 창간하였다. 민족간 조화와 러시아 국민으로서 화합을 공고히 하는 것이 창간의 주된 목적이다.[9] 이렇듯 러시아 한인은 다른 민족 집단과 공존하고 있으며, 고유문화의 변화를 견디며 지역적·민족적 여건에 적응해 나가고 있다.

연구에 인용된 참고문헌과 경험적 자료 데이터는, 관찰수법을 통해 사실에 근거한 자료를 분석한 자료집과, 러시아의 민족문화 공간에서 겪은 고려인의 이주와 적응에 대한 구술 인터뷰 자료, 연해지역 고려인들을 대상으로 한 설문조사 및 면담 내용 분석 자료이다. 연해 및 하바롭스크 지역 언론 매체에 실린 고려인 디아스포라 관련 통계 자료도 일부 인용되었다.

논문은 몇 개의 부분으로 구성되어 있다. 제1장은 초국가적 정체성 개념을 해석하는 구성주의적 전통에 대한 이론적 입장과 논쟁에 대한 대략적 개요를 담고 있다. 다음 장에는 러시아 극동지방, 특히 연해 및 하바롭스크 지역 고려인 디아스포라의 과거와 현재 동향에 기술되어 있다. 하지만 무엇보다 러시아 극동지역에서 고려인 디아스포라의 참여로 확장되고 있는 정치, 경제, 문화적 교류 속에 내재된 고려인 초국가주의 요소를 분석한 것이 가장 중요한 위치를 점한다.

결론에서는 동북아 평화와 협력 달성을 위한 지역 정체성을 구축함에 있어, 러시아 한인이 참여하는 민간 외교 및 동북아 협력 이행에 대한 제안과 맺음말로 마무리할 것이다.

---

9) Сайт газеты: www. ytro-vostoka.ru

제1장
초국적 사회
: 정체성 규정을 위한 구성주의적 접근

집단 정체성은 통합의 정치·사회적 측면을 위한 필수 구성요소이다. 국제관계 이론에서 초국적 정체성과 민족간 협력의 상호 관계는 구성주의적 틀 안에서 가상 면밀히 연구되고 있다. 초국기적 공동체란 무엇인가라는 질문부터 던져보자. 초국가주의란 분석 중심점이 영토와 시민에 대한 통제 기능을 지닌 주권국가에서, 반드시 영토나 특수한 무엇이 아닌 완전히 다른 양상으로 옮겨가는 것을 의미한다.[1]

국가의 영토 밖 통치 가능성은 사회 조직, 인식론적 공동체, 업무 교류, 디아스포라, 다양한 협회 형태의 비국가적 행위자와 맺는 초국가적 관계를 의미하며, 다양한 초국가적 공동체의 존재를 전제로 하나, 반드시 특정 영토와 관련이 있는 것은 아니다. 잘 알려진 정의에 따르면, 초국적 연결망은 비정형적 연합의 개방적 형태이다.[2]

---

[1] Roseanau, James. Governance without Government: Order and Change in World Politics. Cambridge University Press, 2003.
[2] Keck, Margaret and Kathryn Sikkink. Activists Beyond Borders. Advocacy Networks in International Politics. Cornell University Press, 1998.

초국가적 공동체란 민족, 문화, 정치, 통일된 공동의 목적, 심지어 목표를 위해 정해진 시스템이라는 공통의 정체성을 지닌, 예컨대 개인, 집단, 연맹, 사회단체, 기타 협회와 같은 다양한 행위자들로 구성된 영토 형식에서 탈피한 조직이라고 정의 내릴 수 있다. 그러한 민족적 혹은 초국가적 공동체에서 지켜지는 공공의 규범이 그들의 관심사를 결정하고, 이해충돌 발생 가능성을 완화시킨다.[3]

초국가주의 맥락에서 디아스포라 개념을 정의내릴 필요가 있다. 게다가 이 정의는 유태인 디아스포라의 경험에서 시작된 유구한 역사를 지니고 있다. 그렇지만 초국가주의는 새로운 현상에 조응한다. 구성주의자들은 이 용어에 다른 의미를 추가해 사용한다. 예컨대 티시코프 (B.A. Тишков)는 디아스포라가 "삶의 행동 양식이지, 엄격한 인구통계학적 혹은 더 나아가 인종적 실재"는 아니므로 디아스포라 연구의 주요 쟁점은 집단의 정치적 선택과 국가 간 전략 문제라고 주장한다.[4]

디아스포라에서 중요한 척도는 민족의 독창성 보존 영역에서 작동하는 사회제도이다. 본 논문에서 주된 관심을 기울이고 있는 것도 사회 조직 형태를 지닌 바로 이러한 단체 집단이다. 디아스포라 연구에서 브루베케르(P. Брубекер)는 중요한 제안을 하였다. 계획과 관행의 범주에서 디아스포라에 대해 논하는 것이 훨씬 더 유용하다는 점이다. 따라서 경험과 구상을 통한 디아스포라 연구가 필요하다. 이는 거주 국가, 동포, 세계 공동체와의 상호작용 맥락에서 형성 과정을 기술할 수 있게 도와준다.[5]

---

3) Wendt, Alexander. Social Theory of International Politics. Cambridge and New York: Cambridge University Press, 1999.
4) Тишков В.А. Реквием по этносу: исследования по социально-культурной антропологии. – М.: Наука, 2003. С. 446, 486.
5) Brubaker R. The 'diaspora' diaspora // Ethnic and racial studies. – 2005. –

사회학적 접근 지지자들은 디아스포라를 정의함에 있어, 디아스포라의 몇몇 주요 기능을 다음과 같이 도출해낸다. "디아스포라에서 가장 보편적인 기능은 역사적 조국과 문화적 유대 관계를 유지하고, 민족 전통과 관습을 고취하며, 민족의 정신문화를 유지, 계승, 발전하는 데 적극적으로 참여하는 것이다."[6]

본 논문에서는 디아스포라를 고국과 현재 거주국 사이에 발생한 초국가적 정치 프로세스와 밀접한 관련이 있는 역동적 현상으로 간주한다. 디아스포라 활동은 예컨대 민족·문화 자치와 같은 기능의 조직화와 연관이 있다. 즉, 특정 민족 어느 집단이라도 내적 자극과 독립성을 상실한다면 디아스포라로 간주될 수 없을 것이다. 디아스포라와 역사적 조국과의 관계에 대한 분석은, 특히 대외 무역 분야와 기타 경제적 상호 관계에 있어 조국과, 디아스포라와, 거주국에 매우 중요한 의미를 지닌다.

범한인 정체성을 정의 내림에 있어 구성주의적 해석은 민족적, 언어적 동일성 외에도 공통의 규범과 가치를 포함시킨다. 중요한 것은 그런 규범이 수평적으로 국경을 넘고, 수직적으로 세대를 거쳐 전해진다는 점이다.

범한인 정체성 확립에 있어, 1937년 한인 강제이주에 대한 경험과 기억은 중요한 요소이다. 구성주의는 변화와 관행의 결과뿐 아니라, 과정 및 자기 동일화, 다른 집단과의 차이점을 결정하는 사회문화적 관행에 수반되는 담론 또한 분석 대상에 포함시킨다.[7] 달리 말해, 공동체(우

Vol. 28. – No. 1. – P. 13.

6) Тощенко Ж. Т., Чаптыкова Т.И. Диаспора как объект социологического исследования. // Социологические исследования. 1996. № 12. с. 38.

7) Hopf, Ted. "Making It Count: Constructivism, Identity, and IR Theory" in T. Hopf and B. Allan eds., Making Identity Count: Building a National

리의 경우, 초국가적 공동체에 해당됨) 존재의 핵심적 특징은 하나의 상상 속 공동체에 귀속된 특정 집단 참여자임을 인정하는 것이다.

따라서 한국, 북한, 러시아 극동 한인들이 참여하는 초국가적 공동체는 다음과 같은 특징을 지니고 있어야 한다. 첫째, 다양한 단계에서 정기적 교류가 오가고, 둘째, 인종, 언어, 종교를 뛰어 넘는 공통 규범과 질서를 가지며, 셋째, 그러한 공동체에 속하는 것을 인정하고, 넷째, 일정 미래에 대한 공통된 비전을 가질 것.

먼저, 공통된 민족 정체성, 공통의 오랜 역사와 단일 언어가, 초국경적 초국가적 동일성 형성에 필요한 이와 같은 특성 보유자들을 통합시킬 만큼 강력한 요소인가 하는 질문에 답하는 것이 중요하다. 여기서 동일성이란 일정 공간에서 다양한 활동을 주도하는 다른 집단과 구별되는 것을 의미한다.

러시아 민족학자들과, 해외 사회문화 인류학자들의 최근 연구 동향을 보면, 민족과 민족 정체성 문제에 주목하고 있음을 알 수 있는데, 이는 "민족", "민족성", "민족 정체성", "무관심" 등의 용어가 특히 널리 사용되고 있기 때문이다. 여기서 주목할 것은, 민족 현상 및 민족성을 연구하는 일부 학자들이 자신의 연구 주제를 설명하면서 이와 같은 용어 해석에 대한 특정 이론이나 개념을 고수한다는 점이다.

러시아 한인 디아스포라 삶에 나타난 본질적인 경제적 사회적 변화는, 러시아 한인들로 하여금 민족 정체성의 변화를 불러왔다. 하지만 지금껏 유지되고 있는 공통된 민족적 배경을 기반으로 일련의 통합 모멘트가 존재하는데, 통합 정도는 여러 요인에 따라 차이가 있다. 고려인 디아스포라 활동은, 주로 모계 민족사회에서 발생하는 이러한 과정

Identity Database. Oxford, UK: Oxford University Press, 2016.

의 조건과 현저한 차이가 있는, 러시아 공동체의 다문화적 다원주의 환경에서 수행되었다.

동북아 지역에 거주하지만 한국, 북한, 러연방 극동관구, 특히 연해 지역에 흩어져 살고 있는 한인들의 활동 분석은, 연구자들에게 해당지역의 범한인 정체성 형성에 한인 디아스포라가 미친 영향력 정도를 가늠할 드문 기회를 선사한다.

최근 몇 년간의 글로벌 핵갈등으로 인한 위험성 고조와 관련하여, 이 불안한 지역의 평화와 안정 달성 과정에, 국경이 존재하는 여건 속에서, 공통된 한인 정체성의 잠재적 역할을 연구하는 것은 중요한 과제다. 다양한 수준의 군사적 경제적 포텐셜에 의해 결정되는 한국, 북한, 러시아의 전술적 대외정책 목표가, 지난 몇 년간 한반도 평화와 안정 유지라는 하나의 중대한 목표로 통합되었음을 주목할 필요가 있다.

국가 정체성 관련 연구에서 민족 정체성을 연관시키는 것은 매우 중요하다. 게다가 한국 사회의 글로벌화와 국가 정체성 문제는 복잡하며 다방면에 걸쳐 있다. 동북아의 초국가적 정체성은 역사적으로 형성된 국가 정체성이라는 특징 외에, 그것을 구축하려는 부정적 경험도 지니고 있다. 이 지역에서는 오랫동안 부정적인 초국적 정체성이 확립되었다. 부정적 정체성은 공통 관심사의 구현을 가로막고, 서로에게 민족주의적 공격을 허용해 국제 규범을 해치고, 지역기구의 창설을 가로막는다. 달리말해, 전체적으로 이기주의자들의 합리적 상호작용 및 권력 균형, 문화적, 경제적, 정치적 경쟁 환경을 고착시킨다. 지역 통합이 선언된 목표라는 점을 감안할 때, 동북아시아에서 초국가적 정체성을 창출할 기회를 확인하고 평가할 필요가 있다. 물론 인도적 발전 정도와 삶의 질 차이가, 이 지역에서 상호이해 및 공동운명체 의식을 전개하는 요인은 아니다. 기본적인 문화적 가치는 비록 모든 행위자에게 유사하지만, 오늘날의 여건을 들여다보면 초국가적 정체성 발전을 방해하고 있다.

서로 다른 정치권력체제는 다단계 국제기구 시스템이라는 틀 안에서 효과적인 상호작용을 발휘하지 못한다. 한국, 북한, 러시아 극동지역의 정치 문화에 대한 다양한 관행과 양상은, 초국가적 정체성 형성 가능성을 배제하지는 않는다. 분석과정에서 언급한 바와 같이, 가치 지향적 특징 그 자체가 대표들이 서로에게 보이는 부정적 태도의 원인은 아니다. 오늘날 문제는 "정체성의 분열"을 조장하기 위해 다양한 종류의 모순을 악용하는 정치 엘리트들의 행동과 더 밀접한 관련이 있다.

민간 외교는 중국과 러시아 국경에 인접한 한반도 두개의 국가와 한인 디아스포라 간 경제적, 문화적 협력 강화에 초점을 두고 있다. 이들 국가의 목표는 분명 차이가 있다. 예컨대 북한의 경우 현 체제 유지가 중요하며, 한국의 경우 한반도 통일과 단일 국가 형성이 목표이고, 러시아의 경우 한반도의 점진적 비핵화에 목표를 두고 있다. 그러나 동북아의 경제적 통합을 발전·강화하고, 다국적 공간을 형성하는 과정에서 이 모든 목표는 통합될 수 있다.

러시아 여러 지역에 살고 있는 오늘날 고려인들의 민족 정체성은 지역 고유의 특성과 주변 다른 민족 집단과의 상호작용 속에서 변화되고 보완될 수 있다. 베네딕트 앤더슨(Бенедикт Андерсон)의 말처럼 '그와 같은 개념은 상황에 따라 끊임없이 변할 수 있다'.[8]

따라서 구성주의적 관점에서 오늘날 러시아 한인의 민족 정체성은 다양한 형태의 타민족 문화를 받아들이는 지속적인 과정 속에 있다. 다른 사회·문화적 상황을 지닌 다양한 지역에 사는 일련의 한인 집단은,

---

8) Anderson, Benedict. Imagined Communities. Reflections on the Origins and Spread of Nationalism. London: Verso Books,1983.

상당히 다른 민족 정체성을 가지고 있다고 볼 수 있다. 사할린주에 살고 있는 오늘날 한인들의 민족 정체성 연구는, 다양한 고려인 집단이 차별화된 민족 정체성을 지닐 수 있는 이유를 설명해 줄 것이다. 사할린 한인의 경우, 최근 10여 년 동안 한국 이주 기회가 주어지면서 정체성의 실재와 발전의 대안적 방법이 생기고 있다. 집단적 행동 효율성을 인식하는 사회는, 집단이 가장 큰 힘을 지니며 그러한 집단이 일정 민족 집단으로 표면화된다는 사실을 입증하고 있다.

구성주의적 접근법에서 보면 민족성은 새로운 사회 구조물로 문화적 뿌리를 가지고 있는 것은 아니다. 도구주의적 접근법 지지자들도 구성주의자들처럼 민족 집단의 객관적 속성을 부정하는 인위적 존재로 민족을 상정한다. 민족 집단은 이해관계로 뭉친 공동체로 해석되고, 민족은 집단적 이익 달성과 정치 투쟁에 동원되는 수단으로 간주된다. 세 가지 접근법은 각각 일정 논쟁 체계에서 고유의 장점을 가지고 있다. 민족 집단은 언어적 유사성과 일부 다른 문화적 득색을 지닌 동족이며 현재까지 보존되고 있는 특성을 가진 사람들의 집단이다.

사회학에서 "소수 민족(인종)"이라는 용어가 사용된다. 이들은 자신의 국가 경계 밖 타민족 환경에 거주하며, 대개 거주국의 소수민족을 구성하는 어떤 사회-민족 공동체 구성원 집단이다. 소수민족은 민족적 (인종적) 자각, 문화, 생활 방식, 전통, 민족 공동체의 가장 기본적인 요소인 언어 보존을 특징으로 한다. 구소련 국가들의 경우 최근 몇 년간 "러시아어 사용자"라는 용어를 쓴다. 이는 러시아어를 주로 구사하고 러시아어를 자신의 모국어라고 생각하는, 러시아 민족이 아닌 다른 민족들을 가리키는 용어이다. 좁은 의미에서 이들은 러시아어를 자신의 모국어라고 여기는 비(非)러시아 민족 집단이다. "러시아어 사용자"라는 용어는 러시아 연방 이외 지역에 거주하고 있으면서 러시아어를 사용하는 사람들을 가리키기도 한다. 이럴 경우 "소수민족"이라는 용어와 일치한다.

역사적 과정 속에서 민족 간에 다양한 교류가 이루어진다. 이러한 교류가 낳은 다음과 같은 결과는 이미 잘 알려져 있다: 민족이 서로 섞이지 않고, 새로운 체제를 차용하면서, 서로를 흡수하지 않는 공존; 이를 완전히 망각하고 흡수가 일어날 때 생기는 동화; 전통이 결합되어 나타나는 혼혈; 마지막으로 전통의 근본적 구성요소가 기억에서 사라지면 융합; 그리고 탄생하는 제3의 민족. 러시아 한인의 경우 공존부터 혼혈까지 다양한 특징을 보여준다.

민족의 필수적이고 정확한 표식은 민족 자의식이다. 즉, 스스로를 민족의 일부로 생각하는 어떤 집단의 표상이다. 민족 자의식, 자결권, 민족적 자기 동일화는 다음과 같이 구성된다. 민족은 스스로를, 다른 민족 및 공동체와 구별되는 사람들의 연대로 여긴다. 민족적 자기 동일화의 기본 요소는 공통된 언어, 문화 및 삶의 방식이다. 언어는 다양한 학문적 개념에서 민족 집단을 규정하는 핵심 요소이다. 한인 디아스포라의 경우, 언어가 반드시 민족적 속성을 가늠하는 확고한 기준으로 작용하지는 않는다는 타당한 비판적 견해가 존재함에 주목할 필요가 있다. 민족적 연대의 다른 특징에 대해 말하자면, 러연방 한인 디아스포라는 민족 공동체로 형성되었다고 단언할 수 있다.

본 연구에서는 다음과 같은 용어가 사용되고 있다: 즉, "러시아 한인", "러시아어 사용자 한인", "한인 디아스포라"라는 용어들이 정체성 역할에 관한 구성주의적 지지 대표자들에 의해 제시되고 있다. 구성주의 이론에서 민족성과 정체성은 특정 민족 공동체 개인 혹은 집단의식의 특권이다. 민족적 특징을 구분하는 범주는 민족론의 고전적 정의에서처럼 명확하지 않으며 모호한 표상과 징후의 형태로 존재할 뿐이다.

하지만 오늘날 특정 민족 공동체의 민족 정체성 연구에서 민족 정체성과 국민 정체성의 연계만큼이나 중요한 역할을 하는 것이 출신 지역과 체류 목적에 따른 자기 동일화 전략이다. 고려인 사회는, 스스로에 대해 한인이라는 공통의 차별화된 인식을 공유하는 동질 집단이다. 다시 말해 고려인 사회는 공통된 민족 정체성을 지닌 집단이다. 그러나 연구 결과에 따르면, 고려인 사회에도 출신 지역과 체류 목적에 따라 확연히 구분되는 여러 집단들이 존재한다.

체계적으로 접근해보면, 초국적 정체성은 지역 통합의 주체인 국가와 민족의 대내외적 환경 요인으로 정의내릴 수 있는데, 이때 대내외적 환경 요인은 주체들 간 상호작용 과정에 영향을 미치며, 해당 과정의 발전 수준 및 정도에 의해 좌우된다.

지역 통합은 유구한 역사를 거친 인접국 간 상호 작용의 결과로 형성된 국제 협력의 발전 과정에서 가장 높은 단계이기 때문에 역사적 접근이 불가피하다. 동북아시아 국가들의 초국기적 정체성 형성 또한 예외는 아니므로, 그들 국가에서 볼 수 있는 민족적, 초국적 정체성 형성은 역사적 접근에서 연구되고 있다.

제도적 접근은 지역 정치 기구의 도움으로 국제적인 상호관계 달성을 확고히 하는 중요성을 강조한다.

동북아시아 민족의 세계관을 뒷받침하는 문화의 기본 가치를 확인할 목적으로 가치 규범적 접근이 이용되고 있다. 세계 내 자신들의 위치에 대한 이해, 시공간에 대한 태도, 상호작용의 규범 판정, 인과관계 논리는, 유럽·아시아 유형의 국제협력 및 지역 통합적 특성과 직접적인 관련이 있다.

오늘날 동북아시아 내 긍정적인 초국가적 정체성의 부재는, 상호 신뢰 문제를 지속적으로 야기하며 지역 통합을 가로막고 있다. 예컨대 상호작용의 합리적 모델은 지금까지 동북아의 국제협력 속에 실현되고 있다. 상호작용의 합리적 모델은 모든 참여자의 개인주의, 자기중심주의, 합리주의라는 전제 조건에 기반을 둔다. 합리주의는 의사 결정에 필요한 모든 정보를 얻을 수 있는 가능성, 정보의 효과적 분석 가능성, 가장 유리한 대안의 유일하고 합당한 선택 가능성에 의미를 부여한다. 이러한 조건은 일정 정도 관찰이 가능하지만, 지역 내 협력이 강화됨에 따라, 예컨대 신뢰, 집단의식, 공동의 이익에 대한 이해와 같은, 상호작용을 지탱하는 요소들이 생겨나고 발전해야만 한다. 단일의 정치적, 경제적, 사회문화적 공간에 속한 지역 국가의 시민 의식과, 장기적 전망에 대한 공동의 목표는 정치적, 경제적 통합을 불러온다.

동북아시아 지역은 유망한 통합 연합이다. 이곳은 무역과 투자의 상호의존성이 높으며, 자원의 상보성은 국제무역이론을 고전적으로 입증해주고 있다. 이 지역 국가들의 경제발전 수준은 새로운 권력 중심 조성이 언급될 정도이다. 전 세계적, 지역적 위기에도 빛난 경제적 성장 속도와 경제적 안정은 인상적이다.

한편, 세계화 과정은 문화적 상호침투, 국제교류의 성장과 확산을 촉진하고, 공통의 정치적, 환경적, 인도주의적 위협은 동북아시아 민족 대표자들의 결속 및 공동 운명에 대한 이해 증진에 기여한다. 초국가적 정체성은 독립된 개인에서 비정부 기구에 이르기까지 "아래에서 위로" 점진적으로 형성되고 있다.

다른 한편, "위에서 아래로"의 정치적 압력은 동북아시아 모든 국가에서 민족주의 확산을 부른다. 정치 담론은 과거처럼 현재와 미래에도 사람들 간의 경계선을 강조한다.

초국가적 정체성은 유럽 지역 통합 과정과 관련해 등장한 국제관계의 새로운 개념이다. 이 개념은 하나의 지역에 있는 여러 국가 구성원들이 지니는 단일의 정치, 경제, 사회 문화적 공간에 대한 소속감; 과거, 현재, 미래의 일치에 대한 이해; 지역 발전이라는 동일 목표에 대한 비전을 의미한다. 초국가적 정체성 형성의 기초 위에 국제적 지역을 구성하는 민족과 국가가 지닌 기존의 특징들이 자리한다. 초국가적 정체성은 긍정적 내지 부정적 측면을 가질 수 있다. 부정적 정체성은 불안정하며 지역의 양극화를 초래할 가능성이 있다.

제2장
러시아 한인 정체성 형성의 역사적 특징

제2장에서는 19세기 후반부터 20세기까지 고려인들이 지역에 정착하고 활동한 과정을 주제로 다룰 것이다.

1860년 베이징 조약이 체결된 후, 러시아는 오랫동안 사람이 살지 않은 불모지를 영토로 획득했다. 주로 러시아 군인, 관료, 유형자들이 그곳으로 보내졌다. 그곳으로 보내진 또 다른 압축집단은 인접국인 중국, 조선, 일본에서 온 "노동 이주민" 집단이었다.

한인의 러시아 이주와 그들의 농업활동은 마땅한 생계수단을 찾고자 하는 사회·경제적 요인과 연관이 있었다. 이후 한인 디아스포라는 정치적 요인, 즉 한인에 대한 탄압과 강제 이주의 영향으로 형성되었다. 그 결과 그들은 독립적으로 사회문화적 발전 기회를 상실한 특정 사회 집단으로 분류되었다. 향후 이는 문화적 독창성을 유지할 여건을 차단하는 폐쇄 경향으로 확산되었고, 출생지에 따라 다른 정체성의 징후를 나타내는 한인 디아스포라를 형성하는 계기가 되었다.

한편으로는, 조선 내 어려운 사회·경제적 상황 과 정치·국가적 압

박과 같은 부정적 여건들이 이주의 적극성을 부추겼다. 반면에, 그것은 러시아가 제공한 새로운 기회를 찾는 일이기도 했다. 1861년 4월 "동시베리아 아무르주와 연해주 내 러시아인과 외국인 정착을 위한 법"이 승인되면서 외국인 유입을 독려하기 위한 법적근거도 마련되었다.

한인들은 19세기 중반 러시아 제국 극동 변방으로 이주하기 시작하였다. 1869년부터 1884년까지의 이주는 대규모 성격을 띠었으며, 러시아와 조선 간 외교 관계 비수립으로 인해 비공식적으로 진행되었다. 이후 수년간, 한인 수는 꾸준히 증가하여 상당한 규모에 달하였고, 이는 러일전쟁, 제1차 세계대전, 1917-1920년 러시아 혁명과 관련이 있었다.

한인 이주민 동향을 이해하는 데 중요한 자료는 문서보관소 소장 문건으로, 극동러시아국립역사문서보관소 저자그룹이 출간한 "러시아 극동의 한인들(19세기 후반~20세기 초반) Корейцы на российском Дальнем Востоке (вт. пол. XIX - нач. XX вв.)" 문서모음집이다.[1] 1864년 9월 25일자 "올덴부르크 대령의 연해주 지역에 위치한 동시베리아 대대 사찰단에 대한 교정 각서"라는 사료에 의거, 한인의 러시아 이주 시기가 1864년으로 널리 알려지게 되었다.[2]

연아무르주 총독 관할하의 한인 공동체가 1914년 연아무르지역 한인들의 정착 50주년을 맞아 기념비를 설립할 계획을 세웠던 것은 주목할 만한 일이다. 정착 기념일을 축하하기 위한 준비위원회가 조직되었고, 한인 농촌공동체와 블라디보스토크시, 니콜스크우수리스크시에서 선출된 한인 당선대표자회의가 개최되었다. 하지만 연해주 총독 육군 소장 A.D. 스타쉡스키의 반대로 기념일 축하행사는 열리지 않았다. 제

---

1) Корейцы на российском Дальнем Востоке (вт. пол. XIX – нач. XX вв.). Документы и материалы. – Владивосток: Изд-во Дальневост. ун-та, 2001. – 380 с.

2) Там же. С.20

1차 세계대전 직전 악화된 국제적 상황과 관련된 정치적 요인 때문임이 분명하다. 소비에트 시기에는 정치적 이유로 이주 100주년 기념이라는 말이 언급조차 되지 않았다. 당시 소비에트 고려인들은 소련에서 평등한 공민으로 자리매김할 기회를 박탈당했었다. 140년, 150년이 지난 후에야 러시아 한인들은 러시아로의 자발적 이주를 기념하는 공식적인 기념행사를 러시아에서 개최하게 되었다.[3] 2013년 11월, 러시아 연방 정부를 대신하여 러시아 지역개발부가 한인의 자발적인 러시아 정착 150주년 기념행사를 승인하였다. 이 행사는 국제적, 전 러시아적, 지역 간 교류 성격을 띠며 2014년 3월부터 12월까지 진행되었다. 러시아를 거쳐 중앙아시아, 카자흐스탄, 중국, 북한 그리고 한국을 관통하는 "러시아의 한인들 – 150(Корейцы России - 150)" 자동차 랠리-2014 행사는 상징적인 것이었다.

19세기 말에서 20세기 초에 걸친 제정러시아 시대에는 국경지역에 밀집된 거주 패턴과, 조신 내 친척들과 정기적 접촉으로 인해, 수용가능한 공동체로서의 한인 통합에 기여하지 못하였다. 러시아 행정기관은 한인 이주민들을, 이용하기에 편리한 식민화 요소로 간주하면서 중립적 자세를 취하였다. 제정러시아 신민권 획득을 위해 한인 이주민들은 최소한 정교를 수용하고 러시아어에 대한 지식을 갖춰야 했다. 1890년대 초 한인 정착촌에는 정교회 교구학교 내지 교육학교가 존재했다. 러시아어를 아는 한인의 경우 좋은 일자리를 얻을 수 있었고, 당시 존

---

3) Троякова Т.Г. Корейское население российского Дальнего Востока: особенности межэтнических коммуникаций. //140-я годовщина переселения корейцев в Россию: историческое значение и современная оценка. Материалы международной конференции, посвященной 140-й годовщине переселения корейцев в Россию. 15-16 июля 2004. The Korean Association of Slavic Studies, Far Eastern State University, Seoul, 2004, pp. 96-105

재했던 신분의 틀 안에서 러시아 사회의 완전한 일원이 될 수 있었다. 학교는 러시아 문화와 한국 문화의 연결고리였다.

유즈노우수리스크 지역 거주 한인의 경우, 문화적 측면에서 고유의 정체성을 유지했다. 하지만 경제적 이해관계로 인해 러시아에 머무를 수밖에 없었고 이후 통합되었다. 1891년 블라디보스토크에 공공관리소가 설치되었다. 공공관리소는 "연해주 중국인·한인 사회 조성을 위한 규칙"이라는 임시 규정에 의거 설립된 것으로, 이주민에 대한 관리 감독을 개선하기 위한 목적이었다. 한인 자치 기구는 조선의 공동체 조직을 주로 모방했으며, 이민족의 민족문화 환경에서 살아남을 수 있는 효과적인 수단이었다. 한인 자치 기구는 1897년 공식적으로 폐지되었지만 비공식적으로는 계속해서 존재하였다. 러시아 당국은 한인 자치 기구에 대해 양면적인 태도를 유지했다. 한편으로 러시아 행정 당국은 법 집행을 조절하기 위해 그 기구에에 관심을 보였다. 다른 한편으로, 당국은 한인의 화합을 도모하고 그들의 활동에 대한 당국의 영향력을 제한하는 조직의 존재가 위험하다고 보았다.

20세기 초 일본이 조선을 병합한 후 수년간 한인 민족단체 수가 증가하였다. 한인 이주민들은 항일활동을 중심으로 규합하는 데 힘을 기울였다. 1904-1905년 러일 전쟁이 끝나자, 일본의 조선에 대한 지배권 강화를 위한 을사조약[역자 주]이 체결되면서, 한인 러시아 이민자 수는 폭증하였다. 러시아 행정청은 한인 자치조직에 대해 이중적인 태도를 취했다. 당국은 한편으로는, 직접적인 접촉이 차단된 러시아어를 모르는 대다수 한인들에 대해 법률을 시행하는 데 관심이 있었고, 다른 한편으로는, 한인들의 결속에 기여하고 러시아의 영향력을 제한하는 조직의 존재에 대한 위험성에 주목하였다. 한인들의 반일 성향에 따른 민족적이고 정치적인 조직 활동이 러시아 정부의 이중적 태도를 야기

했다. 포즈냐크(Т.З. Позняк)가 쓴 것처럼, "이 지역에 살고 있는 이주민의 관리 체계를 확립하고 통제를 강화하고자 당국은 한인 자치 기구를 러시아 행정 관리 시스템으로 편입시키려 노력하였다. 하지만 동시에, 자치 기구가 과연 기대에 부응할 정도의 기능을 수행하고 있는지 의구심을 가졌다. 당국은 거기에 관심이 없었다."[4]

1910년대 러시아 거주 한인들 중에는 도시를 중심으로 항일 활동에 가담한 정치적 이민자들이 많았다. 블라디보스토크는 샌프란시스코, 상하이와 더불어 한인의 정치 이민 해외 중심지 중 한곳으로 부상하였다.

러시아 한인 거주민들은 2월 혁명 승리와 소련 정권 수립을 기뻐하고, 그들이 수행하는 활동 지원에 열성적이었다. 1917년 5월 만주를 비롯한 여러 지역에서 온 100명이 넘는 한인들이 참가하는 전러시아 대표자회의가 니콜스크우수리스크시에서 개최되었다[전러한족중앙총회 – 역자 주]. 이와 같이 며칠에 걸쳐 복잡한 회의를 개최한다는 사실 자체가, 최초로 한인 이주민을 대상으로 한 독자적 규합에서 지역기구 창설에 이르기까지 한인들의 정치의식이 성장한 것을 단적으로 보여주었다. 대회 참석자들은 임시 정부에 환영 전문을 발송하였으며, 한인들에게 "문화적 자치권"을 부여하고, 향후 의회 기구 1석을 한인에게 배정해 줄 것을 제안하였다. 하지만 이러한 계획이 실현되지는 못하였다. 1920년대에 이미 한인 당간부에 의해 소련 극동 한인 자치기구 창설에 관한 문제가 제기되었고, 중앙 정부 차원에서도 논의되었지만 긍정적인 결과를 얻지는 못하였다.[5]

---

4) Позняк Т.З. Иностранные подданные в городах Дальнего Востока России (вторая половина XIX - начало XX в.). Владивосток, Дальнаука, 2004. С. 99

5) Нам С. Г. Из истории корейской общины на Дальнем Востоке (20-ые годы). // Проблемы Дальнего Востока. 1993, № 2, с. 170.

이 과정에 한인 이주는 모순적 상황을 불러왔다. 일부는 한인들이 벼 재배에 깊은 지식을 가진 근면한 농민들이기 때문에 경제발전에 기여하는 바가 클 것이라고 생각하였다. 따라서 소련은 프롤레타리아 대중, 일본 식민지에 처한 억압받는 한인을 배려해야 한다고 보았다. 하지만 다른 이들은 러시아 국경을 넘어온 한인들이 국가 안보를 위협하고 일본 간섭에 빌미가 될 수 있다고 보았다. 1920년대 말 한인 이주민에 대한 입국 제한이 시작되었고 이후 차단되기에 이르렀다. 이미 연해지역에 정착해 살고 있던 토지 미소유 한인들을 극동지역 북부로 재이주 시키고, 그들이 살던 지역에 대신 소련 중심지역에서 보낸 이주민들을 정착시킨다는 결정이 내려졌다. 이러한 계획은 새로운 영토가 농업에 적합하지 않고, 주택 및 기타 여건이 불충분해 실패로 끝났다.

그런 식으로 1850년대 말부터 1920년대까지 러시아 당국의 한인 이주민과의 몇 가지 상호작용 모델이 사실상 공식 승인을 받았다. 그 결과 한인 이주민 일부가 주류 사회의 경제적 공간으로 편입되었다. 경제발전 측면에서 그들의 역할은 두 가지 측면을 지닌다. 무역·산업 분야의 해외기업과 투자, 외국인 노동자가 노동시장에 미치는 영향이 그것이다. 한인들은 기업 자본과 노동력을 부어 넣으며 러시아인의 인구 통계학적 잠재력의 부족분을 채웠고, 여러 지역 도시 경제 발전을 가능케 하였다. 20세기 초반까지 한인들이 극동 개척과 경제개발에 기여한 바가 컸다고 할 수 있다.

1917년부터 1922년까지는 연해지역 역사에서 특별하다. 2월 혁명과 10월 혁명, 계속되는 제1차 세계대전, 내전 발발과 외국군 간섭으로 지역 내 삶이 불안정해졌다. 이 시기 이주는 자연발생적 현상이어서 통계를 잡기도 힘들다. 이 시기를 즈음해 한인들이 대거 러시아로 이주하였고, 어떤 때는 최대 10만 명에 달하기도 했다. 게다가 이 가운데 70%

정도는 외국 국적자였다.

한인 정치적 이민자는 지역 내에서 은신처를 찾아냈을 뿐 아니라 소련 당국으로부터 보호도 받았다. 하지만 이는 소련 공산당 엘리트 및 코민테른 지도부와의 협력이 이루어져야만 가능했으므로 극히 일부에 국한되었다. 소련 땅에 거주하면서 조선 혁명 운동과 빨치산 운동에 가담한 자들은 당국 기관의 당·국가 통제로부터 수시로 벗어났다. 조선 혁명가 활동은 소련 당국의 불만과 노여움을 불러왔으며, 이는 연해지역 한인 이주민에 대한 모순적 태도로 표출되었다. 러시아 당국은 두 가지 방법으로 한인 문제를 해결하려고 하였다. 첫째, 한인 이민자들이 연해지역에 무단으로 유입되는 것을 금하고, 둘째, 일부 한인들을 극동의 다른 지역으로 재이주 시키고자 하였다. 외국인의 무단 입국 금지령이 떨어졌으며, 농촌 소비에트는 불법 입국자들을 숨긴 데 대한 책임을 져야했다.

한인들이 겪는 토지이용의 난관은 소련 공민권 취득에도 반영되었다. 소비에트 정권 수립 초기, 상기 절차의 순조로운 통과를 위해, 1918년 이전에 연해지역에 정착한 한인 노동자들에게는 간단한 심사가 적용되었었다. 하지만 1926-1927년 전러시아공산당(볼셰비키) 극동변강위원회는 전러시아공산당(볼셰비키) 당원과 선출된 소비에트 기관원을 제외한 한인의 소련 공민권 취득을 제한하기에 이르렀다. 이와 함께 연해지역 남부 한인 농민 일부를 극동의 다른 지역으로 이주시키려는 시도가 있었다. 한인들은 자신이 개척한 땅에서 떠나는 것을 거부하였으며, 부농에 대한 재산몰수와 집단화를 피해 마을에서 도주하였다.

제정러시아 시기와 마찬가지로, 소련 시기 행정기관 역시 한국과 중국에서 온 이민자들의 유입을 우려하였다. 이 문제는 지역에서 중앙에 이르기까지 여러 단계의 정부 기관에서 반복적으로 논의가 제기되었다. 1930년대 초 한인 수는 16만 명에 달했다. 일부 지역에서는 인구의 64%를 차지하기도 하였는데, 포시에트(Посьет)면, 바라바시(Барабаш)면, 블라디미로알렉산드로프(Владимиро-Александров)면, 키예프(Киевская)면, 수이푼(Суйфун)면, 포크로프(Покров)면이 여기에 속한다. 게다가 포시에트 지역의 경우, 한인이 전체 주민의 약 90%를 차지하였다.[6]

1930년대 소련에서는 사회적 소속과 정치적 신뢰를 기준으로 정치적 탄압과 함께, 소비에트 지도부로부터 반혁명적이라 간주되는 민족 집단에 대한 정부의 폭압 조치가 전개되었다. 독일인, 폴란드인, 라트비아인, 중국인, 한인 그리고 기타 민족들이 여기에 포함되었다. 소련 극동 거주 한인들의 경우 소련에서 최초로 민족적 이유를 들어 강제이주의 대상이 되었다.

소비에트 시기 한인 이주와 그들의 활동 문제는, 대규모 강제 이주를 통해 근본적으로 해결되었다. 1937년 9월부터 10월까지 극동지역에 살고 있던 172,000여 명의 한인들은 특별히 편성된 수송열차에 실려 카자흐스탄, 우즈베키스탄, 그 외 다른 중앙아시아 공화국으로 이주되었다. 1937년은 소련 역사에서 대규모 테러와 탄압이 있었던 해로 남았으며, 구소련 한인사의 비극적 장으로 남았다.

1940년대에 들어서면서, 소규모 전문가 집단이 북한과의 조직적이고 경제적이며 정치적인 활동 목적을 가지고 극동지역으로 돌아왔다. 당시 북한 사람들은 정부 간 협약에 근거하여 소련 극동에서 어업과 임업, 광산업에 종사하였다. 1950년대 말 한인들에게 대학 입학과 군 복무, 극동

---

6) Торопов А.А. К вопросу о депортации корейского населения. // Политические репрессии на Дальнем Востоке СССР в 1920-1950-ые годы: Материалы первой науч.-практ. конф. Владивосток: Изд-во Дальневост. Ун-та, 1997. С. 247.

으로의 이주가 허용되었다. 복권 과정은 조직적이지 않았으며 국가로부터 재정 지원도 없었다. 나홋카 문화센터 의장인 콘스탄틴 미로노비치 김(Константин Миронович Ким)에 따르면, 1959년 수찬 마을(현재의 파르티잔스크)에 약 20여 한인 가구가 거주하였다고 한다.

전후시기에 처음으로 생겨난 새로운 한인 집단은 북한 사람들이 노동자로 들어오면서 형성되었다. 소련과 북한 정부 사이에 쌍방 협약이 체결되었는데, 북한 노동자들이 1년~3년까지 어업 종사를 목적으로 러시아 입국이 가능하다는 것이 그 내용이었다. 1948년에는 카자흐스탄 고려인 300여 명이 통역사로 소련 극동에 입성하였다.[7]

북한 노동자들은 사할린주와 하바롭스크 지역 어류가공공장에서 10년 동안 일했다. 1957년 12월 소련과 북한 간 발생한 민사, 가사 및 형사 소송에 법적 지원을 제공한다는 협약이 체결되었다. 그밖에 이중 국적자의 시민권 문제 해결에 관한 협약과 영사협약도 체결되었다. 국가 간 관계를 확립하는 과정에 북한 총영사관이 1958년 4월부터 나홋카시에서 업무를 시작했다. 영사관은 공식적인 협약에 의거, 일하고 있던 북한 노동자들의 체류 관련 문제와 그들의 대규모 북한 귀환 문제도 다루었다.

1958년 북한 당국은 북한 사람들의 송환을 요구했다. 안타깝게도 체류한 사람과 귀국한 사람에 대한 정확한 자료는 남아 있지 않다. 그러나 러시아 고려인 대상 설문 조사와 면담 과정에서 북한에서 극동으로 왔다가 귀국한 가족들의 이야기를 접할 수 있었다. 결국 그들은 소비에트 공민권을 획득하였다. 어쨌든 이 범주의 한인들은 혼합된 정체

---

7) Ващук А.С.,Чернолуцкая Е.Н., Королёва В.А, Дудченко Г.Б., Герасимова Л.А. Этномиграционные процессы в Приморье в ХХ веке. Владивосток: ДВО РАН, 2002. С. 108.

성을 특징으로 한다.

북한 정부가 소련 극동에서 일하고 있던 자국민들의 귀환을 발표했음에도 불구하고, 수만 명의 북한 사람들은 하바롭스크 지역, 연해 지역, 마가단주, 사할린주 기업에서 일했다. 1957년 북한 벌목장 4곳이 하바롭스크 지역 벌목공업소로 조직되었다. 이러한 벌목 기업 사무실은 벌목장 안에 위치해 있었지만 북한 노동자들은 폐쇄된 형태의 마을에서 거주했다. 그들의 수는 6천 명을 넘지 않았다. 당시 그 지역에서 일하던 북한 노동자의 수가 정확이 얼마였는지는 알 수 없다. 왜냐하면, 파견과 도착 과정에 대한 기록이 모호하고, 보관된 문서가 분산되어 있기 때문이다.

1960년대 후반 북한의 경제적 상황이 악화됨에 따라, 김일성은 벌목장에서 일할 북한 노동자 수를 늘려 달라고 요청하였다. 1966년 5월 블라디보스토크에서 만난 레오니드 브레즈네프(Леонид Бржнев)와 김일성이 비공식적인 회의를 통해 결정을 내렸다. 1975년과 1977년에 소련 극동지역 벌목 지대 확장에 관한 양자간 협약이 체결되었다. 하지만 북한 노동자들은 지역 주민들과 자유롭게 소통할 수 있는 기회를 진정으로 얻지는 못했다. 소련 측은 북한 사람들이 러시아어로 된 정치 문학 작품을 읽고, 문화적이고 교육적인 활동에 참여하도록 유도하였다. 그러나 북한 지도자들은 자신들의 독자적인 이데올로기와 정치교육 방식을 지향하면서 러시아식 시도에 저항하였다. 극동국립대학교(ДВГУ) 한국학과 학생 일부가 언어 실습을 목적으로 이 과정에 참여했다. 어쨌든 그들과의 의사소통은 매우 제한적이었다.

중앙아시아 국가에서 러시아로의 고려인 이주는 현재까지 계속되고 있다. 이 과정은 두 시기로 구별할 수 있는데, 첫째는 소련 시기이고 둘째는 러시아 시기이다. 소련 당시 이주민들은 생활수준을 향상시키고 보다 나은 교육을 받기 위해 중앙아시아 땅을 떠났다.

소련 해체 후, 일부 고려인들은 민족 분쟁의 위협을 감수하며 중앙아시아 국가에 남아 있는 것을 꺼려하였다. 고려인에게 중앙아시아인은 어차피 "다른" 민족이었으므로, 기회만 생기면 러시아 지역으로 떠나기 시작하였다. 1960-1980년대 고려인의 자연발생적 이주지는 극동이 아니라 러시아 남부 세바스토폴 지역과 크라스노다르 지역이었다. 또한 고려인들은 러시아 극동에서 자신들을 "다르게" 인식하는 평가에 부딪치면서 유럽에 인접한 러시아 지역에 정착하기 시작하였다.

복권 이후, 교육받을 기회가 주어지고, 다양한 분야의 경제개발 가능성이 생긴 것과 관련해, 한인 공동체의 사회적 구조에 변화가 일기 시작하였다. 이는 사회문화적 통합의 장벽을 무너뜨리고 한인 디아스포라의 사회적 직업적 분산을 확립하는 결과를 낳았다. 이는 사회 문화적 통합의 요인이었고, 동화 경향성을 증폭시키는 것이기도 했다.

1989년 연해주에서 최초의 사회단체인 "나홋카" 고려인 협회가 설립되었다. 1993년쯤까지 연해지역 거의 모든 도시에서 다양한 고려인 단체가 활동하였다. 1993년 문화센터와 지역협회를 기반으로 우수리스크에 재단 "부활"이 설립되었다. 재단은 지역 차원에서 한인 사회단체 활동의 균형을 맞추는 실질적 역할을 했다. 재단 구성원은 다양한 조직 활동을 하였으며, 강제 이주민과 난민 지위를 인정받을 수 있는 특별 자격 증명서 발급 및 복권에 필요한 서류 수합과 제출을 지원했다. 재단은 러시아어와 한국어로 된 신문 "원동(Вон Дон)"을 발간하였다.

대한민국의 디아스포라 전략은 2000년대에 들어서면서 글로벌 정보화 및 비즈니스 네트워크 창출을 위한 프로그램 수행과 함께 본격적으로 시작되었다. 이 시기에 극동과 러시아 전역 한인들 사이에서 민족

문화 자치 형태를 띤 민족문화운동이 싹트고 발전하게 되었다.

러시아 극동에 민족협회, 재단, 동향인 모임, 기업인 협회 등 많은 사회단체들이 생겨나고 활동하기 시작하였으며, 고려인의 자주성 보존과, 북한뿐 아니라 한국과의 관계 유지를 위한 독자적인 조직이 되었다.

1996년 "민족문화자치에 대하여(О национально-культурной автономии (НКА))"라는 법률에 근거하여 러시아에 한인 민족문화자치회가 탄생하였으며, 러시아 한인 연방민족문화자치회(ФНКА)의 산하 단체가 되었다. 예컨대 연해지역 많은 단체들이 연해주고려인협회(Ассоциация корейских организаций Приморского края (АКОРП)) 일원이 되었다. 이들은 한국이 단일 국가로 통일되는 것을 일관되게 옹호하였다. 하바롭스크 지역에서도 극동과 시베리아 고려인협회가 활동하고 있다. 사할린주의 경우, 사할린 한인들의 다양한 가족 조직인 "사할린 한인회(Сахалинские корейцы)"를 포함, 많은 사회단체들이 활동 중에 있다. 2012년 비로비잔에 유태인 자치주 고려인협회가 설립되었다. 이 협회는 한인의 민족 전통 축제를 조직하고, 도시 전체의 행사에 참여하고 있다. 아무르주, 마가단주, 캄차카주의 경우, 한인 주민 수가 적기 때문에 한인 단체 또한 그리 다양하지 않다.

연해주 고려인협회는 연해주 지역에서 활동 중인 단체 중 가장 중요한 단체이다. 본 협회는 2008년 3월 17일 설립되었으며, 블라디보스토크, 아르툠(Артем), 우수리스크, 나홋카, 파르티잔스크, 볼쇼이 카멘(Большой Камень), 스파스크달니(Спасск-Дальний), 아르세니예프(Арсениев)에서 활동 중이던 고려인 사회단체들을 통합하고 있다. 나데진스크(Надеждинск)지역 두마 의장 발렌틴 페트로비치 박(Валентин Петрович Пак)이 연해주 고려인협회장직을 맡고 있다.

연해주에서 두 번째로 중요한 단체는 우수리스크에 위치한 연해주

니콜라이 페트로비치 김이 2016년 12월 고려인 역사박물관 개원식에서 연설을 하고 있다.
http://zolotou.com/news-ussurijska/2016-12-19/otkrytie-korejskogo-
istoricheskogo-muzeja-posle

고려인민족문화자치회(Национально-культурная автономия
корейцев Приморского края (НКА))라는 단체이다. 우수리스크
고려인민족문화자치회의 공식적인 창립일은 1996년 3월이다. 그러나
1990년에 설립된 최초의 한인 디아스포라 사회단체는 고려인협회 "우
수리(Уссури)"라 불렸다. 고려인민족문화자치회 초대 의장은 라파일
콘스탄티노비치 텐(Рафаил Константинович Тен)이었으며, 그를
이어 미하일 페트로비치 김(Михаил Петрович Ким), 기린 만사모
비치 김(Гирин Мансамович Ким), 올렉 알렉산드로비치 김(Олег
Александрович Ким), 로베르트 아나톨리예비치 리(Роберт
Анатольевич Ли) 등이 의장직을 맡았다. 2000년부터 현재까지 김
니콜라이 페트로비치(Ким Николай Петрович)가 우수리스크 고
려인민족문화자치회를 이끌고 있다.

그는 기업가이자 후원자이며 사회 활동가이다. 러시아 계열사 창업

자인 김 니콜라이 페트로비치는 러시아와 한국 간 비즈니스 및 문화적 유대 관계 발전에 참여하고 있다. 2015년 10월 서울에서 한국 최고의 국가훈장 수여식이 진행되었으며, 김 니콜라이 페트로비치는 3급 국가훈장인 "동백장"을 받았다.

김 니콜라이의 지도하에 고려인민족문화자치회는 우수리스크와 연해주에서 개최되는 모든 행사에 적극적으로 참여하고 있다. 중요한 행사로 "친선 무용(Хоровод дружбы)", "한국 문화", "춘경축제(Сабантуй [타타르인과 바쉬키르인 축제 중 하나임 – 역자 주])", 벨라루시와 러시아 민족의 날, 축제 "하나의 연해주(Единое Приморье)", 제1차, 제2차 연해지역 민족대회, 추수명절인 "추석"과 같은 연례 경축 행사를 비롯하여, 국제 콘서트, 회의, 전시회, 스포츠 경연대회를 들 수 있다. 2014년에는 러시아 이주 150주년을 기념하는 한인 행사에서 니콜라이 페트로비치가 사비로 우수리스크 태권도 경연대회를 열었다. 이 대회에는 연해주 태권도 선수들뿐 아니라 남북한 선수들도 참가하였다. 그들의 참가로 우수리스크시 경기장에서 개최된 "러시아와 한국: 영원한 우정" 기념행사에 국제적인 축제가 열리게 된 것이다. 우수리스크 시민과 방문객들은 고려인 문화센터를 "우정의 집(Дом дружбы)"이라 부른다.

2009년 10월 우수리스크에 고려인 문화센터가 문을 열었다. 그곳에는 "고려신문" 편집실, 러시아고려인 역사박물관, 전통문화관을 비롯하여 도서관, 어학 실습실, 컴퓨터 교실이 있으며, 한국어와 영어 강좌도 개설되어 있다. 그밖에 예술단, 난타 앙상블, 노인 단체인 "노인단", 체스클럽이 활동 중이다. 고려인민족문화자치회 산하에 연해지역 명예 아마추어 예술 합창단인 "아리랑"이 활동하고 있다. 1995년 무용단 창단을 위해 북한의 한국전통무용 안무가인 조영희(Зо Ен Хи) 선생을 특별히 초빙하였다. 고려인민족문화자치회 산하에 조직의 중년 참가자

http://ussuriysk.bezformata.ru/listnews/muzej–istorii–rossijskih–korejtcev/53344442/

들을 위한 앙상블 "고려(Корё)"도 있다.

연해지역에서 가장 큰 규모의 고려인 디아스포라는 우수리스크에 있다. 이 지역 도시 관구는 비공식적으로 한국 문화·전통 보존 중심지로 여겨지고 있다.

우수리스크에 러시아 한인 역사박물관이 개관된 것은 2009년 10월이다. 2016년 12월 박물관은 리노베이션을 마치고 다시 문을 열었다. 재개관 프로젝트는 한국 국립민속박물관, 수많은 한국 사회단체들, 블라디보스토크 한국총영사관의 지원을 받았다. 우수리스크 고려인문화센터는 2016년 12월 재개관 이후 독특한 작품들을 전시하고 있다. 고려인의 러시아 이주 역사가 이 도시와 직결되어 있는 것은 우연이 아니다. 작은 전시실에는 단순하지 않으며, 이따금 극적인 견학 코스도 마련되어 있다. 19세기 말과, 이후 20세기 초에, 러시아로의 이주는 많은 조선인이 생존할 수 있는 기회였다. 연해지방은 낯선 나라에서 이민자들을 맞이한 최초의 지역이다. 재개관한 박물관에는 100년의 역사를 가진 문서와 유물들이 있다. 내년에는 러시아 최초의 한인 이주민 지도자 중의 한명이었던 표트르 최(Петр Цой [최재형 – 역자 주])의 생가가 기념관으로 개관될 예정이다.[8)]

우수리스크 고려인 디아스포라를 축하하기 위해 많은 귀빈들이 모였다. 한국 국립민속박물관 조진기, 러시아 대통령산하 국제관계위원회 회원이자 전러시아고려인연합회장 바실리 조(Василий Цо), 블라디보스토크 주재 한국총영사관의 이석배 총영사 외.

---

8) Историю российских корейцев показали в Корейском культурном центре Уссурийска. 5 января 2017. https://tvkultura.ru/article/show/article_id/163466/

2004년 우수리스크 고려인민족문화자치회는 주간 "고려신문"을 창간하였다.

연해지역 고려인 디아스포라는 지역 다민족 거주민 중 가장 적극적인 활동 집단 중 하나로 열성적으로 민족문화 교류를 실현하고 있다. 대다수 고려인 디아스포라 대표자들은 다양한 국내 경제 다양한 분야 관리에 적극적으로 참여하고 있으며, 연해지역 당국 입법·집행 기관의 일원으로 활동하고 있다. 주목할 만한 이력의 소유자로, 오가이 세르게이(Огай Сергей), 권 뱌체슬라프(Квон Вячеслав), 박 발렌틴(Пак Валентин), 최 에두아르드(Цой Эдуард)가 있으며 4명 모두 블라디보스토크에서 태어났고 이 중 권과 최는 1964년생이다. 그밖에 강 블라디미르(Кан Владимир), 김 게오르기(Ким Георгий), 김 니콜라이(Ким Николай), 박 올렉(Пак Олег)이 있으며 모두 중앙아시아 출신이다.

◎ 강 발레리 블라디미로비치(Кан Валерий Владимирович)

1978년 우즈베키스탄 타시켄트에서 태어났다. 1994년 가족과 함께 우수리스크시로 이주하였다. 1995년 우수리스크 제29번 체육학교를 졸업하였다.

제조·운송사인 "보야시 서비스(Вояж-сервис)"를 설립해 대표를 맡고 있다. 2004년 3월 14일 우수리스크시 두마 의원으로 선출되었다. 2004년부터 2012년까지 연해지역 태권도연맹 회장을 역임하였다. 2007년부터는 지역간 태권도연맹(ИТФ) 회장을 맡고 있다. 태권도 4단으로, 국제 태권도 지도자이자 A급 국제 태권도 심판이다. 2010년부터 러시아 장애인태권도연맹 부회장으로 활동하고 있다.

2008년부터 2016년까지 연해지역 제10 선거관구(우수리스크 구역, 옥탸브리스크 구역, 미하일롭스크 구역 대부분, 우수리스크 시 일부) 입법회의 의원을 역임하였다. 2016년 9월 18일 정당 '예디나야 러시아(Единая Россия)' 소속으로 연해지역에서 출마해 연해주 제6기 의회 의원으로 선출되었다.

http://www.zspk.gov.ru/deputy/93418/

◎ 최 에두아르드 예브게니예비치(Цой Эдуард Евгеньевич)

에두아르드 최.
사진: ИА Prima Media

1963년 5월 24일 연해지역 파르티잔스크 시에서 출생하였다. 2007년 "극동국립기술수산대학교(Дальневосточный государственный технический рыбохозяйственный университет)"에서 "경제와 기업 경영(수산업) (Экономика и управление на предприятии (Рыбная промышленность))"으로 학위를 받았다.

1982-1990년까지 자동차 정비 분야에서 일했으며, 1990-2001년까지 개인회사를 운영하였다. 2001년부터 현재까지 소수민족 이텔멘(Ительмен [캄차트카 소수민족 – 역자 주]) 사회단체 "알르이크(АЛЫК)" 최고 대표를 맡고 있다. 2015년 9월부터 연해지역 한카이(Ханкай) 구역두마 의원이다.

의회에서 식품정책 및 자연자원 활용위원회 부위원장으로 활동하고 있다. 연해지방 농업지역인 한카이 구역, 호롤스크 구역, 포그라니치니 구역, 옥탸브리스크 구역 주민들의 이익을 대변하고 있다.[9]

◎ 박 발렌틴 페트로비치(Пак Валентин Петрович)

고려인협회장이자, 나데진스크 행정구 두마 의장이다. 북한 정부로부터 4개의 상을 받았으며, 한국 정부로부터 상을 받기도 하였다. 2015년 유엔 산하 세계 공익 연맹 금메달을 받았다.

◎ 권 뱌체슬라프 바실리예비치(Квон Вячеслав Васильевич)

아르툠 시관구 두마 전(前) 의장을 역임한 바 있으며, 2016년부터 연해지역 스파스크달니 행정조직장을 맡고 있다. 1964년 연해지역 나데진스크 구역 타브리찬카 마을에서 태어났다. 1986년 악튜빈 하계 고등민간항공학교에서 "항공 교통 경영" 전공으로 학위를 받았다. 1986년부터 1999년까지 항공사 "블라디보스토크 아비아"에서 조종사로 근무했다. 1999년부터 2000년까지 석탄

뱌체슬라프 권. 사진 : ИА Prima Media, 2017년 12월 1일.

운송회사 "노보샤흐틴스크 트란지트 우골(Новошахтинск-транзит уголь)" 대표를 맡았다. 2001년부터 2012년까지 "아르툠 산림가공회사 (Артемовское лесоперерабатывающее предприятие)" 대표를 맡았으며, 2005년부터 2012년까

---

9) Эдуард Цой: Сельское хозяйство Приморья по-прежнему нуждается в поддержке https://primamedia.ru/news/628639/https://primamedia.ru/news/628639/

지 "스타트 오딘 (Старт 1)" 대표로도 활동하였다. 2008년부터 아르툠시 두마 의원을 역임하였으며, 2012년부터 아르툠 시관구 두마 의장을 맡고 있다. 우수리스크 시관구 행정부 산하 민족자문위원회 위원이며, 연해지역 행정부 산하 국제관계위원회 위원이다. 2015년 한국 정부로부터 "동백" 훈장을 받았다. 2007년에는 2급 "조국봉사" 훈장을 받기도 했다.

◎ 김 니콜라이 페트로비치(Ким Николай Петрович)

1955년 카자흐스탄 도스티제니예 마을 출생. 1994년 우수리스크로 이주하였다(자세한 내용은 우수리스크 고려인협회 부분 참조 – 역자 주).

◎ 오가이 세르게이 알렉세예비치(Огай Сергей Алексеевич)

네벨스코이 제독 명명 국립해양대학교 총장. 공학박사, 부교수.

1954년 12월 2일 하바롭스크 지역 소베츠카야 가반시에서 태어났다.

1971-1976년까지 네벨스코이 극동 고등기술해양군관학교에서 수학하였다. "선박기계 및 장치"를 전공하였으며 성적우수자로 졸업하였다. 1976-1979년 동대학 박사과정을 이수하였다. 1995-1996년 네벨스코이 극동국립해양아카데미 산하 연구소장으로 근무하였다. 1996년부터 2007년까지 네벨스코이 국립해양대학교 부총장을 역임하였으며, 2008년부터 현재까지 동대학 총장으로 활동하고 있다.

연해지역 대학총장위원회 부위원장이며, 극동연방관구 총장위원회 소속이고, 해양·하천 운송 연방지부 교육위원회 위원이다. 블라디보스 토크 해양협의회 회원이며, 러시아지리학회 극동분과(아무르 지역 연구회) 회원이기도 하다. 러시아 교통아카데미 정회원으로 동 학술원 극동분과장을 맡고 있다. 러연방 산업 연맹과 기업인 협회의 지역분과 소속이며, 극동 소재 "러시아 항행의회" 동맹 대표이자, 연해주 수송정책 공공전문가위원회 의장으로 활동하고 있다.

◎ 김 게오르기 니콜라예비치(Ким Георгий Николаевич)

국립극동기술수산대학교 총장, 공학박사, 정교수, 러시아 연방 명예 수산업 활동가.

1954년 4월 30일 안디잔주 팔반타시 마을에서 태어났다. 1979년 국립극동기술수산대학교를 졸업하였다. 1979년 농대학 연구원으로 근무하기 시작하였으며, 1980년 자본구축 부총장으로 선임되었다. 이후 행정경영 부총장, 국제관계 부총장, 사회활동 부총장 겸직 노동조합 위원장 등 다양한 직책을 맡은 바 있다. 2004년 국립극동수산대학교 총장으로 선임되었다. 극동 수산분야 대학총장위원회 위원장이며, 정당 '예디나야 러시아(Единая Россия)' 청년사업 지역위원회 부의장을 역임하고 있다.

◎ 박 올렉 이고레비치(Пак Олег Игоревич)

극동연방대학교 의료센터 주임 의사이자 동센터 센터장이다. 연해지역 소아신경외과 과장으로 의학박사이며, 상급 신경외과의다. 1971년

타시켄트주 토이페프시에서 출생하였다. 1988-1991년 우즈베키스탄 타시켄트 소재 중앙아시아 소아의과대학을 졸업하였다. 1991-1994년 블라디보스토크 국립의과대학 소아학부를 졸업하였다. 2002-2003년 신경외과 수련의 과정을 마친 후, 미국 워싱턴 대학교와 시애틀 의과대학에서 연구를 계속하였다. 2005년 "소아 조기진단, 외과요법이 아닌 최소 시술 수두 외과 치료"라는 주제로 박사학위를 받았다. 2007년에 체코 프라하 소재 카를로프 대학교에서 논문을 발표하였다.

평창 올림픽에서

러시아 정당 "파르티야 로스타(ПАРТИЯ РОСТА, [성장당 – 역자주])" 당원이며, 동정당 연해지역 지역분과 정치위원회 위원이다.
영어, 프랑스어, 한국어, 체코어에 능통하다.

◎ 박 발렌틴 페트로비치(Пак Валентин Петрович)

1950년 7월 연해지역 카발레로보(Кавалерово) 마을에서 태어났다. 발렌틴 박이 고려인 학교 2학년 과정을 마쳤을 때 폐교되었다. 소비에트 시기 연해지역 농촌학교에서 한국어를 가르쳤다.

1974년 쿠이브이셰프 명명 극동폴리텍대학을 졸업하였다. 1974-1989년 볼노나데진스크 마을에서 산림 숙련공, 수문 야전 탐험대 부대장으로 근무하였다. 2005년 발렌틴 박은 연해지역 기업인 협회 "유즈노프리모르스키(Южноприморский)"라는 사회단체를 만들었으며, 여기에 나데진스크 구역, 하산 구역, 아르툠시와 우수리스크시에서 활동 중이던 천 명이상의 기업인이 가입하였다. 현재 그의 딸 율리야 박이 협회장을 맡고 있으며, 연해지역 기업인 공적위원회도 함께 이끌고 있다.

2006년부터 지금까지 연해주고려인협회(АКОРП) 회장을 맡고 있다. 2009년부터 현재까지 나데진스크 행정구 두마 의장이나. 2015년 러시아 연방으로부터 "선행(За благодеяние)" 훈장을 받았다. 그밖에 북한으로부터 4차례, 한국으로부터 1차례 정부 표창을 받은 바 있다.

러시아 극동 지역 한인은 수용된 사회의 문화 규범을 대부분 받아들였음에도 불구하고, 스스로를 항상 고려인이라 여겼으며, 이는 그들의 심도 있는 통합을 가능하게 만들었다. 러시아 사회에서 사는 동안 고려인들에게는, 러시아와 한국의 문화적 가치가 혼합된 독특한 문화 정체성이 생겨났으며, 인종 자결권과 시민 자결권이 조화롭게 어우러진 정체성 위계가 형성되었다.

제3장
초국적 공간 형성의 특징

동북아에서 러시아와 직접 인접한 국가는 중국, 일본, 북한 그리고 한국이다. 러시아 극동의 이 국가들과의 협력은 경제 및 문화 발전에 있어 중요한 요소이다.

이제 동북아는 역동적으로 발전하는 지역으로, 일본과 중국처럼 국제정치와 경제관계를 주도하는 국가들이 포함되어 있다. 동시에 이 지역에서의 관계는 "힘의 균형"이라는 공준에 기반을 두고 있어 초국가적 관계 발전에 취약하다는 특징이 있다. 동북아시아에서 볼 수 있는 주된 모순은, 한편으로는, 명백하게 드러나는 통합 동기의 불일치이며, 다른 한편으로는, 효율적 다자간 기구의 부재이다. 동북아에 대한 러시아의 관심은 지정학적(안보 문제), 경제적(교역, 투자, 기술협력 발전, 이민 정책 조정), 환경적, 사회·문화적인 것이다.

1991년 소련이 해체되고 냉전이 종식되면서 10여 년간 남북통일 계획과 관련해 한국에 희망이 생겨났다. 러시아 극동에 거주하는 한인 디아스포라와 초국적 민족 협력을 전개하는 계획이 가능해 보였다.

러시아에 한반도는, 한편으로는 국경을 직접 맞닿고 있어 국가 안보에 위협이 되는 잠재적 폭발 가능성이 있는 지역이면서, 다른 한편으로 다른 강대국, 특히 미국, 중국, 일본과 동등한 입장에서 상호 작용할 아주 드문 기회를 제공받는 곳이다.

지난 10년 간 남북한 정세와 관련된 강대국 평가의 특이점은, 상황이 시기적으로 악화되기도 하지만 인접국의 안보라는 관심사에 대체로 본질적인 위협을 가하지 않는 대개 미미하게 경과되는 갈등이라 인식한다는 점이다.

러시아 극동에 초국가적 공간을 형성하는 데 영향을 미치는 것은 러시아와 남북한 관계 상황이다.

2000년 2월 러시아와 중국은 우호 조약을 체결하였다. 안전에 위협이 되거나 광범위한 사안에 대해 협의가 필요할 경우 상호 접촉한다는 내용을 담고 있다. 러시아 연방 극동 영토에서, 우선 경제적 방면에서 북한과의 협력은, 러·북 관계라는 복합체의 중요한 요소이다.

2003년 10월 연해지역 행정부와, 북한 국제무역촉진위원회 사이에 실무진이 구성되었다. 2004년 10월에 열린 실무자 회의에서 결론을 도출하면서 향후 계획을 수립하였다. 연해지역에 북한 국영기업 대표부가 설치되었다.

2012년 7월 5일 러시아와 북한은 양국 간 교류 활성화 및 경제적 관계 발전을 위한 여건 개선을 위한 국경 정책에 관한 정부 간 합의서에 서명하였다. 여기에 양국의 접경지역 간 경제 교류도 포함되어 있었다.

1990년대 러시아 극동은, 개방이라는 특이한 여건이 조성된 곳이었다. 러시아 국민들은 사업, 관광, 왕래를 목적으로 중국과 일본 같은 인접국을 방문할 기회를 얻게 되었다. 반대로 중국 상인과 노동자들은 연해지역, 하바롭스크지역, 아무르주 등 기타 지역으로 쏟아져 들어왔다.

평양 주재 러시아 대사관 앞에서 박 발렌틴과 마쩨고라 러시아 대사.

러시아 극동에서 북한 노동력을 활용하는 것과 관련된 협력은 여전히 효력을 상실하지 않았으며 오히려 협력 가능성이 보다 더 확대되고 있다고 할 수 있다. 초창기와 비교해 보면 당시 북한 노동자들은 도시와 농촌 지역주민들과 어울려 살았다. 당시에도 그들은 이미 중개업자를 통해 체결된 러시아 회사와의 계약에 따라 건설현장에서 일하였다. 그런 중개자 역할을 북한 대표들과 한국어 소통이 가능한 러시아 한인들이 자주 담당했다는 사실을 주목할 만하다.

카자흐스탄과 우즈베키스탄에서 이주한 상당수 고려인들은 우수리스크시, 아르툠시, 농촌마을에 정착하였다. 1990년 중반, 이들 도시에 한인 농촌경제 단체 대표부가 구성되어 북한사람들에게 일자리를 알선해주는 업무를 공식적으로 담당하였다. 하지만 북한 노동자들이 농업

규정을 위반한 것과 관련해, 이주 당국의 결정에 따라 1999년 아르툠 소재 한인 농업기업 대표부가 폐쇄되었다.

이 시기에 러시아와 북한 간 관계는 사실상 동결되었다. 당시 러시아는 형제적 지원을 할 충분한 자원이 없었으며, 경제적 관계 또한 유효하지 않았기 때문이다.

하지만 지역적 차원에서의 무역 및 경제 교류는 계속되고 있었다. 예컨대 1995년 3월 평양에서 열린 연해 주지사 나즈드라텐코 (Е.И. Наздратенко)와 북한 대외경제위원회 위원장 이성대 간 회담에서, 무역 및 경제 관계 발전을 위한 양해각서가 체결되었다. 1995년 말 "나홋카" 자유경제지역 대표단은 "나진-선봉" 자유경제지역과의 협력 가능성에 대해 논의하였다. 1997년 9월 블라디보스토크 시장 체렙코프 (В.И. Черепков)는 평양을 방문하여 블라디보스토크 건설현장에 북한 노동력 도입 가능 여부에 대해 논의하였다. 1990년대에 들어 북한 노동자 수는 4천 명까지 증가하였다. 물론 중국 노동자 수가 훨씬 많았던 것은 당연하지만 말이다.

2003년부터 발렌틴 박은 남북한 통일이라는 사명을 갖고, 남북한 총영사의 공동 회담을 조직하기 시작하였다.

러시아로서는 북한으로부터 투자를 받을 가능성이 없기 때문에, 북한과의 경제관계 발전을 우선순위에 두지 않고 주로 정치적 문제에 기반을 두고 있다.

그러나 2014-2017년 극동발전성이 관여하면서, 북한과 경제 및 문화협력을 확립하기 위해 많은 노력을 기울였다. 극동발전성 장관인 갈루시카(А.С. Галушка)는 북한 대표들과 정기적 회합을 갖고 협력관계 확립을 위한 다양한 플랜을 제시하고 있다. 2014년 4월 극동연방관구 러시아 대통령 전권특사 트루트네프(Ю.П. Трутнев)가 북한을 방문하였다. 이때, 하바롭스크 주지사 쉬포르트(В.И. Шпорт), 연해 주지사 미클루셉스키(В.В. Миклушевский), 아무르 주지사 코제먀코(О.Н. Кожемяко), 러시아 각 부처 대표들, 기업인 대표들이 그와 동행하였다. 방문 기간 동안 북한 대외무역성과 아무르 주정부 사이에 무역 및 경제협력에 관한 협약이 체결되었다. 이후 대외무역상 김용재를 단장으로 한 북한 대표단은 2017년 9월에 개최된 동방경제포럼에 참가하였다.

2015년 2월 리용남 무역상을 단장으로 한 북한 대외무역성 대표단이 하바롭스크를 방문하였다. 방문을 결산해보면, 2015-2017년까지 하바롭스크 주정부와 북한 대외무역성 사이에 진척된 미래 협력 계획안이 서명되었다. 계획 이행의 일환으로 북한은 아무르 지역에 곡물과 사료 경작, 대두와 버섯 재배와 같은 공동 농산물 생산을 위한 개발을 제안하였다. 이에 지역 지도부는 콤소몰 행정구와 콤소몰스크 나 아무르 시에 공동 회사 설립을 위한 토지 제공 가능성을 내비쳤다. 하바롭스크 지역에 북한이 투자한 기업 15곳, 합작기업 1곳, 북한이 파견한 기업 대표부 8곳이 문을 열었다. 하바롭스크 주정부와 북한 대외무역협력위원회 간에 무역 및 경제 협력에 관한 양자 간 실무 회담이 정기적으로 개최되고 있다. 2015년 9월 북한 대표단의 하바롭스크 지역 방문 당시, 하바롭스크 주정부와 북한 대외무역협력위원회 간 두 차례에 걸쳐 진행된 무역 및 경제협력에 관한 양자 간 실무 회담의 결과에 따른 최종 협약이 체결되었다.

양국 간 관계 역사상 최초로 2015년을 양국 친선 우호의 해로 선언함으로써 양국 간 관계는 보다 친밀하게 발전하였다. 2015년 4월 모스크바에서는 러시아와 북한 간 우호의 해를 여는 엄숙한 기념식이 치러졌다. 공식 대표단은 의회와 정부 부처를 방문하였으며 문화, 스포츠,

청소년 관련 교류를 위한 사회단체들과 접촉하였다.

극동에서는 블라디보스토크시와 원산시, 나홋카시와 나선시, 파르티잔스크시와 경성시, 하바롭스크시와 청진시, 아무르주와 평안남도 사이에 맺은 자매도시 관계가 지속적 발전을 거듭하고 있다. 2015년 6월 블라디보스토크에서 블라디보스토크 행정부와 북한 총영사관, 연해주고려인협회 사이에 관광분야 협력에 관한 협정이 체결되었다. 현재 블라디보스토크에서 출발하는 평양, 나선, 개성 관광 상품이 개발되어 있다.

2014년 "러시아-한국-2014"이라는 국제 자동차 랠리가 열렸다. 자동차 랠리는 7월 7일 모스크바를 출발하여 카자흐스탄, 우즈베키스탄, 키르기스스탄 및 러시아의 여러 지역을 통과하는 행사였다. 각국에서 온 사회 활동가, 정치가, 기업가, 스포츠계, 문화계, 관광계 대표 30명 이상이 참가자 명단에 이름을 올렸다. 한인 러시아 이주 150주년과 양국 간 외교관계 수립 130주년을 기념하는 자동차 랠리가 2014년 8월 초 연해지역에 입성하였다.[1]

2014년 자동차 랠리 참가자들.

---

1) Народная дипломатия во имя мира и дружбы на международной арене. 07.08.2014. http://www.zspk.gov.ru/press-service/press-relizy/60374/?sphrase_id=17269.

2014년 자동차 랠리 참가자들.

　연해주 고려인협회는 발렌틴 박 회장의 주도하여 2003년부터 음력 설맞이 축하행사로 북한 총영사와 한국 총영사가 만나는 자리를 마련, 양국 간 회담을 주선해왔다.

음력설에 한국과 북한 총영사가 연해주에서 만났다. http://primamedia.ru/news/566006/

　2017년 연해주 고려인협회는 아르툠시 소재 민족문화센터에서 손 님들을 맞이하였다. 이 축하연에서 연해주 고려인협회가 2016년 제정한 "민족우호 증진에 공헌"한 메달을 처음으로 수여했다. 지역노인 자문회의 "노인단" 대표 스타니슬라프 윤(Станислав Юн), 나홋카시 민족문화자치회 회장 콘스탄틴 김(Константин Ким), 블라디보스토크 주재 북한 총영사 림청일과 한국 총영사 이석배, 블라디보스토크 주재 러연방 외무성 대표 이고리 아가포노프(Игорь Агафонов)가 메달을 받았다.

연해지역 입법의회 의장 알렉산드르 롤리크(Александр Ролик)는 축사에서 지역에서 가장 규모가 큰 민족 중 하나인 한인 디아스포라는 아시아-태평양 지역민 간 우호관계 발전과 강화에 기여하고 있으며, 거기에 발렌틴 박 회장의 공로가 지대함을 강조하였다. 그는 연해주 고려인협회에 입법의회의 명예증서를 수여하였으며, 적극적으로 활동한 "라이텍스(Райтекс)"사 대표 올가 국(Ольга Гук)과 민족문화센터장 세르게이 지(Сергей Ти)에게 감사패를 전달하였다.

한반도 남북한 통일을 위한 민간 외교에서 탄생한 이 아름다운 전통은, 세계에서 유일하게 구현될 수 있는 계획이었다. 벌써 16년 동안 북한과 한국 총영사는 친숙한 자리에서 만나왔다. 이번에는 잘 차려진 "라이텍스"호텔 그랜드홀에 마련된 민간외교 회합에 8개국 대표들이 참가하였다. 북한 총영사 조석철과 한국 총영사 이석배는 전통 설맞이 축사 시간에 나란히 서 있었다. 인도 총영사 수함 쿠마르(Субхам Кумар), 미국 총영사 마이클 키스, 일본 총영사 오노 코지가 그들과 함께했다. 연해주 부주지사 권한대행 가긱 자하랸(Гагик Захарян), 블라디보스토크 시장 비탈리 베르케옌코(Виталий Веркеенко), 연해지역 입법의회 지역정책법사위원회 의장 잠불라트 테키예프(Джамбулат Текиев), 연해지역 기업인 사회단체 위원회 의장 율리야 박(Юлия Пак), 세무대학 빅토르 고르타코프(Виктор Горчаков) 교수가 축사를 하였다. 블라디보스토크시, 아르툠시, 우수리스크시, 나홋카시, 볼쇼이 카멘시, 아르세니예프시, 파르티잔스크시에서 온 한인 디아스포라 대표들도 축하연에 참석하였다. 블라디보스토크 제28번 학교 재학생들이 한국의 전통 부채춤을 선보였다. 북한에서 온 예술 단원들은 평화와 우정의 노래를 불렀다. 일본 측은 축가로 일본 노래 "꽃"과 러시아 노래 "카츄샤"를 불렀다. 그밖에 블라디보스토크 소재 "마루빈 코퍼레이션"사 대표 나가타 켄수케(Harata Кенсуке)가 비올라를, 블라디보스토크 일본 총영사관 부영사 오카베 리사가 바이올린을, "미쓰이"사 대표 이노우에 주니야가 알토를, 극동연방대학교 재학생 시무라 마이가 노래를 불렀다.[2] 2018년 2월 16일 연해주 고려인협회는 우수리스크에서 음력 설맞이 행사를 진행하였다.

(왼쪽부터) 이석배 한국 총영사, 발렌틴 박 연해주고려인협회장, 림청일 북한 총영사, 아가포노프 러시아 외무성 블라디보스토크 대표부 대표

2) http://ytro-vostoka.ru/105/Obshchestvo/Snova_vstrechaem_noviy_god/

연해주 고려인협회장 박 발렌틴 주도로 2015년 6월 블라디보스토크에 러시아인과 한인 친선을 기념하는 징표로 기념비가 세워졌다. 2015년 8월에는 블라디보스토크 여러 자매도시 광장에서 러시아 한인 이주 150주년 기념 콘서트가 개최되기도 하였다. 행사는 한국 해방 70주년을 기념하는 것이기도 했다. 남북한 총영사 모두 행사에 참석하였다.

림청일 북한 총영사와 이석배 한국 총영사가 기념비 개막식에서 악수하는 모습.

2014년 가을, 블라디보스토크에서는 박 발렌틴 회장 주도하에 한인 러시아 이주 150주년을 기리는 기념식이 열렸다. 북한, 한국, 중국, 러시아에서 온 예술가들이 참여한 특별콘서트 기념식이었다. 북한에서 온 예술가들은 연해주 고려인협회 후원으로 블라디보스토크, 아르툠, 볼쇼이 카멘, 나홋카, 파르티잔스크, 우수리스크에서 순회공연을 가졌다.

극동의 여러 도시에서는 북한 미술품과 공예품 전시회가 정기적으로 열린다. 2015년 6월 하바롭스크 소재 국립극동도서관에서 사진전이 개최되었다. 이 행사는 하바롭스크 북한 총영사관 주재로 열렸으며, "조선 인민의 위대한 령도자이자, 조선로동당 중앙위원회 위원장 김정일 동지"의 활동 시작을 기념하는 것이었다. 2015년 8월에는 하바롭스크에 북한 예술품과 공예품, 사진을 소개하는 전시장이 열기도 했다. 행사는 하바롭스크 북한 총영사관과 '예디나야 러시아(Единая Россия)'당 지부가 공동 기획한 것으로 김정일의 극동 방문 13주년과, 일본 군국주의자들로부터 북한 해방 70주년을 기념하기 위한 것이었다.

2015년 8월과 9월 블라디보스토크시, 나홋카시, 파르티잔스크시, 아르툠시 초청으로 모란봉 중학교 학생들이 극동 도시로 수학여행을 왔다. 2015년 9월에는 하바롭스크 제5번 체육학교에 러시아-한국 친선 교실이 생겼다. 나홋카 북한 총영사관 문호 부총영사가 기념식에 참석하였다.

2016년 2월 연해주 고려인협회는 연해 주정부, 재단 "러시아 평화" 지부와 함께, 북한 평양외국어대학에서 개최한 제1회 전국 러시아어 올림피아드에서 우승한 학생 대표단을 블라디보스토크로 초청하였다. 이는 "러시아-북한 우호의 해" 행사의 일환으로 성사되었다. 북한 주재 러시아 대사 알렉산드르 마쩨고라(Александр Мацегора)는 연해주 고려인협회 회장에게 북한 대표단의 여행 조직 및 재정 지원에 대한 감사 편지를 전달하였다. 2017년 5월에는 블라디보스토크에서 전통적으로 개최되는 리듬체조 경연대회가 열렸다. 연해지역 출신 선수들 외에도, 10명의 외국 선수들이 참가하였는데, 한국선수 4명과 북한선수 6명이었다.[3]

관광 교류를 활성화하는 취지에서 북한은 관련 기관과 그들의 후원

---

3) Новости Владивостока http://www.newsvl.ru/sport/2017/05/27/159591/#ixzz4iN7nY1TS

으로 개최되는 행사의 기회를 최대한 활용하려 노력하고 있다. 블라디보스토크 소재 여행사 "알파와 오메가"는 러시아 연방과 북한 정부 간에 비영리 단체 관광 협약에 참여하였다. 이 회사는 연해지역과 북한 간 경제·문화 교류 발전에 기여한 바가 큰 공로를 인정받아 공로상을 받았다. 블라디보스토크는 하산과 두만강을 잇는 철도 여행과 북한 항공사 고려항공이 주2회 운행하는 항공편을 이용한 다양한 가능성을 가진 도시임을 언급할 필요가 있겠다.

지난 몇 년간 한국어, 고전무용, 태권도, 골프, 등산 등의 특별 연수를 위한 북한 투어상품이 제공되었다. 원산 인근 송도봉 국제 소년단 캠프에서는 어린이들을 위한 휴양이 제공된다. 북한에서 사업하기를 희망하는 사람들을 위해 매년 8월 나선 자유경제구역에서 개최되는 국제 상품 전시회로 가는 열차편이 제공된다. 여행 경비의 달러지불 요구 및 다양한 형태의 투어 제공은 국가의 외환 수입 증대를 위한 계획임이 확실하다.

아르세니예프(Арсеньев) 명명 연해주 국립박물관에서는 해마다 북한 장식품 및 응용미술 전시회가 개최된다. 북한 영화 제작자들은 영화제 "태평양 자오선(Меридианы Txoro)"에 참가한다. 연해주에서는 정기적으로 국제 태권도 대회도 열리는데, 북한 선수들이 우수한 성과를 거두고 있다.

러연방 재정지원을 받은 교육 분야 협력 덕분에, 북한 학생들에게 극동연방대학교를 포함한 러시아 고등고육기관에서 교육받을 기회가 주어졌다. 2012년부터 극동연방대학교의, 김일성종합대학교와 평양외국어대학과의 협력 프로그램이 가동되고 있다.

2016년 4월 14일 블라디보스토크에 북한 총영사관이 개설되었다. 그전까지는 나홋카 영사관이었다. 블라디보스토크 총영사관으로의 이

전은, 지역협조를 포함한 모든 협력을 보다 신속하게 발전시킬 수 있게 해주었다. 예컨대 2016년 5월, 하산구역 국경경비대의 날을 맞아 북한 동료팀과 축구시합이 열렸다.[4] 2016년 8월에는 기업발전센터에서 연해지역 북한 총영사관 총영사 림청일과 블라디보스토크 기업인들과의 회의가 개최되었다. 참가자들은 블라디보스토크와 원산을 오가는 정기 화물운송 수단 편성 가능성에 대해 논의하였다.

2016년 9월 연해지역 부주지사 네하예프(С.В. Нехаев)는 북한 외무성 제3국장 오승호와 면담을 가졌다. 북한 외교관에 따르면 연해지역과 북한 국경지역 간 협력 포텐셜은 아직 완전히 드러나지 않았다고 한다. 오승호 역시 다음과 같이 말했다: "... 우리는 서방의 제재에도 불구하고 러시아가 건설 분야에서 협력을 이어나갈 준비가 되어 있다는 소식을 즐거운 마음으로 받아들였다. 또한 북한과 연해 국경 지역에 양국 관계를 강화할 물류 허브를 만들 필요가 있다고 생각한다. 지역을 연결하는 교량 건설 문제는 이미 모스크바에서 조정 단계를 거치고 있다. 이 과정을 가속화할 필요가 있다고 생각한다."[5]

2017년 7월 블라디보스토크 북한 총영사 조석철은 연해지역 입법의회 의장과 면담을 가졌다. 총영사가 북한과 연해지역 협력 상황을 긍정적으로 평가한 사실에 주목할 필요가 있다.[6]

러시아연방과 북한 국경에 건설된 "러시아-조선 우호의 집" 혹은 소위 "김일성 집"은 문화 협력의 사례 중 하나이다. 2014년 박물관이 화

---

4) В футбольном матче победила дружба. 31 мая 2016 //https://www.prim-hasan.ru/index.php?id=689

5) 9월 12일 연해주 세르게이 네하예프 부주지사는 북한 외무성 제3국장 오승호와 면담을 실시했다. www.primorsky.ru; http://www.primorsky.ru/news/117980/?sphrase_id=3415534

6) 블라디보스토크에 북한 총영사로 누가 부임하는지는 잘 알려져 있다. 28.07.2017. http://primamedia.ru/news/609609/

재로 소실되자 박물관이 가지는 정치적 중요성을 이해하고 재건하였다. 김일성과 김정일의 러시아 방문을 기리기 위한 기념 현판이 2018년 2월 새롭게 설치되었다. 이 행사는 북·러 우호관계 70주년을 기념하는 것이었다.[7]

한·러 대외정책 전략은 디아스포라의 이해관계를 고려한 상호 작용의 구축을 전제로 하고 있다. 게다가 러시아 한인은 다양한 정체성을 지닌 안정된 공동체로, 국민으로서 러시아 구성원이라는 인식이 확고해 한국과의 관계에서 이주민이라는 설정은 약하게 표출된다.

양국간 관계에서 자극제가 된 것은 2013년 11월 러연방 대통령 푸틴의 한국 공식 방문이다. 당시 한·러 공동성명서가 채택되었는데, 성명서에 따르면 단기적·중기적 전망의 한·러 관계 발전에 필요한, 협력 포텐셜 발산을 극대화하고 효과를 높이며, 무엇보다 혁신적인 분야에서 실용적 상호작용의 새로운 방향을 모색하자는 우위 벡터가 반영되었다.

현재까지 양국간 협력에 필요한 부문별 협약 및 법적 토대가 구축되었다. 무역, 투자 보장, 어업, 이중 관세 방지, 군사 기술 분야 협력, 원자력의 평화적 이용, 문화 교류 등에 관한 50개 이상의 협약이 체결되었다.

2013년 가을, 러시아와 한국은 비자 면제협정을 체결하였다. 한·러 고위 협상의 결과 국제법적 효력을 지닌 협약이 체결되었다. 한·러 무사증 제도는 2014년 1월부터 시행되었으며 현재까지 상당한 비중을 차지하고 있다. 여전히 다른 규정들이 남아 있는 동북아 다른 국가들과 비교해 볼 때, 한국과의 무사증 제도는 여전히 유일하다는 점을 주목할 필요가 있다.

---

7) Памятные доски на Доме российско-корейской дружбы(러-북 친선 우호의 집 기념 현판).// Официальный сайт Хасанского района. https://www.prim-hasan.ru/index.php?id=1256

양국 정부는 문화센터 설립 및 활동 조건에 관한 협약을 체결하였다. 그밖에 2018년을 "한·러 상호 방문의 해"로 편성하기 위해 러연방 관광청과 한국 정부 부처간 양해각서 및 운송 분야 협력 양해각서를 체결하였다. 2018년 2월 한·러 상호인정에 관한 정부간 합의서 서명을 결정하였다. 2018년은 러시아와 한국의 전략적 동반자 관계에 관한 협정 체결 10주년을 경축할 계획이다.

한국과 연해지역은 오랜 동반자 관계로 연결되어 있다. 수년 동안 무역 및 투자 분야에서 러시아 지역의 중요한 파트너 중 하나이다. 러시아 극동에 대한 한국 기업의 관심이 증가하고 있으며, 러시아 파트너와 사업을 발전시키려는 외국인 투자자들의 바람에 자극제로 작용한 것은, 금년 9월 제3차 극동경제포럼에서 블라디미르 푸틴, 문재인 양국 정상이 이끈 협상이 많이 부분 차지하였다.

상호 작용을 위해 양국 정상이 설정한 보다 발전 유망한 분야들 가운데 농업, 어업, 조선업, 에너지 산업 등이 있다. 연해지역에는 무역업, 농업, 제조업, 운송업, 자동차 수리업, 어업, 호텔업, 요식업 등에 종사하는 50개 이상의 한국 기업이 활동 중이다.

민족문화자치회장 니콜라이 김은 러시아와 한반도 국가들 간 관계 증진에 기여하고, 한국 군포시 소재 경기문화재단과의 우호관계를 구축하였으며, 사회단체 "동북아 평화연대"와 긴밀히 협력하고 있다. 2014년 러시아 한인 이주 150주년 기념행사의 일환으로 우수리스크에서 열린 태권도대회는 김 니콜라이 회장의 개인적 재정지원으로 치러졌다. 연해지역 선수들 외에 한국과 북한 선수들도 대회에 참가하였다.

연해지역 최남단 하산호는 러시아, 중국, 북한 3개국 국경과 인접해 있다. 강줄기를 따라 17km의 북·러 국경선이 이어진다.

하산역 남서쪽 800미터 지점에 두만강을 가로 지르는 북·러 철도교량 "우정교"가 건설되어 있다. 도보나 자동차를 이용해 국경을 넘는 것은 금지되어 있다. //http://smitsmitty.livejournal.com/165755.html?thread=3194491

　　하산지역은 해양 접근성이 뛰어나며, 중국, 북한과 국경이 접해있고, 북한과 철도 왕래가 가능한 지정학적 위치에 있다. 러시아 극동지역과 동북아 국가들 사이에서 커다란 운송통로 역할을 하는 것 또한 장점이다. 이 지역에는 자동차 도로와 복선 철도가 놓여 있어 연해지역과 중국 길림성을 수송로로 연결할 수 있고, 시베리아 횡단철도로 한국과도 이어질 수 있다. 이 모든 것이 하산지역을 국제 물류시스템에 포함시키는 데 이상적 여건을 조성한다. 하산지역이 지닌 잠재력은 국제운송통로 "연해-2"를 통해 일부 가동되었다. 연해-2는 중국 길림성의 여러 도시와, 러시아 항구도시인 자루비노, 포시에트, 슬라뱐카를 연결하고, 동해로의 접근성도 가능케 한다. 하산지역을 물류기지로 개발하는 과정은 지금도 계속되고 있다.

2015년 5월 하산 행정당국 담당자와 포항시장은 무역, 경제, 물류 및 관광 분야 협력에 관한 협정을 체결하였다. 해당 지역 책임자들은 하산지역과 포항시 간 문화교류 시행에도 뜻을 같이 하였다. 합의 사항의 일환으로 한국 측은 영남대학교에 입학하는 하산 학생들의 학비 지원을 제안하였다. 그 결과 해외 유학을 준비 중이던 하산 청년 5명이 선발되었다.[8]

하산 행정구 수장 세르게이 오브친니코프(Сергей Овчинников)는 2017년 7월 포항시에서 개최된 경제관계 포럼에 참석하였다. 포럼에는 동북아 국가의 대표자 및 기업 총수들이 초청되었다.

2017년 9월 하산지역에서 동해 접경 도시 대표자 국제회의가 개최되었다. 하산지역에서 그런 수준의 행사가 열린 것은 처음 있는 일이었다. 국제회의에 참석하기 위해 일본, 한국, 중국, 블라디보스토크시, 나홋카시 대표단들이 슬라반카로 모여들었다. 전통적 회의 안건으로 지리적 공통점과, 참가국의 문화와 역사에 대한 상호 관심사, 지역 환경 문제에 대한 불안감에서 야기된 러시아인, 일본인, 중국인, 한국인 거

---

8) Молодые хасанцы будут учиться в Южной Корее.01 марта 2016. // https://www.prim-hasan.ru/index.php?id=600

주민의 당면 과제가 상정되었다. 제23차 회의 주제는 "국제 운송로 및 국가간 관광 개발"이었는데, 이는 동해 인접지역 내 상호작용에서 유망하고 경제성이 담보된 발전 방향이었기 때문이다. 블라디보스토크 자유 항구에 하산지역을 포함시킴으로써 국가간 관광 발전이 촉진되었다. 18개국 국민들의 경우, 간소화 절차를 거치면 지금이라도 러시아 입국비자를 받을 수 있다.

이 지역에서 외국 선박들이 입항할 수 있는 항구는 자루비노, 포시에트, 슬라뱐카이다. 현재 러·중 국경합동위원회는 러시아와 중국 국민들이 개인 차량으로 자동차 검문소를 통과해 인접 국가 영토로 단독 입국하는 문제를 검토하고 있다. 자루비노항과 속초항 간 페리 운항이 재개됨에 따라, 하산 지역은 주도적 역할을 수행하면서 국경간 관광지구 지위를 강화하게 될 것이다. 현재 연변자치주(중국)에서 동해 연안 도시들(한국)로 이어지는 여객 노선 사업을 재개하기 위해 가능성을 검토하는 협상이 진행 중이다. 블라디보스토크 크루즈·페리 관광 개발과 중국 해양 관광의 인기 상승은, 하산 지역이 블라디보스토크의 관광 명소와 중국 접경지대를 연결하는 경유 방문지 역할을 할 수 있도록 새로운 국가간 관광 루트를 개발해야 한다는 당면 과제를 던진다.

2018년 2월 ATP(아·태지역) 국제 산업생산 기업가 총회 사무총장과 한·러 친선협회 연해지부장 예브게니 루세츠키(Евгений Русецкий)가 이끄는 연해지역 대표단이, 한·러 경제협력을 논의하기 위해 부산에서 가장 큰 운송, 조선, 하역 및 물류 기업 대표들과 함께 하는 비즈니스 세미나에 참석하였다.[9] 세미나 안건은 경제협력에만 국한되지 않

---

9) Развитие российско-корейских отношений обсудили в Пусане. // Официальный сайт Администрации Приморского края и органов исполнительной власти Приморского края. 26 февраля 2018 года.

왔다. 아시아태평양 해양스포츠 국제협회와 연해주 기업가 유리 럅코(Юрий Рябко)는 한국 파트너들과 함께 아쿠아바이크 세계선수권대회 "2018 부산 그랑프리"를 부산에서 개최하는 계획안을 발표하였다.

러시아 기자협회 연해주 지부 회원들인 안드레이 오스트롭스키(Андрей Островский)와 알렉세이 미구노프(Алексей мигунов)는 한국 측 대표와 함께 양국의 언론에서 한·러 관계를 객관적으로 보도하는 문제를 논의하였으며, 2018년 4월과 7월에 사할린과 블라디보스토크에서 개최될 미디어 포럼에 한국 주요 언론사들을 초청하였다.

2017년 11월 코트라 무역관을 거점으로 하는 한국 투자지원센터가 블라디보스토크에 개원하였다. 센터 설립의 주요 목적은 연해지역 내 외국 파트너들의 사업 효율성을 높이는 데 있다. 센터는 극동 지역의 특혜 메커니즘, 세금 체계, 통관 규정, 직원 고용 등 투자 프로젝트 시행 관련 정보를 한국인 사업가들에게 제공할 것이다.[10] 2018년 3월 5일 연해주에서 한국 투자자의 날이 열렸다. 러연방 부총리 겸 극동연방관구 러시아 대통령 전권특사인 유리 트루트네프(Юрий Трутнев)는 한국 대통령 직속 북방경제협력위원회 송영길 위원장을 단장으로 하는 한국의 공식 대표단과 첫 만남을 가졌다.[11]

한국 정부는 연해주를 러시아에서 가장 중요한 투자 파트너로 간주하고, 양자간 협력 발전에 가장 큰 성과를 이룰 계획이다. 송영길은 새로운 크루즈 노선을 구축할 때, 블라디보스토크를 부산, 강원도와 같은 관광지구와 연결하면 훨씬 더 전망 있는 노선이 될 것이라고 하였다. 2018년 3월 강원도 대표단이 블라디보스토크를 방문하여, 2018년 연해지역과 강원도 간 협력을 위한 구체적 방안에 서명할 예정이다. 연해지역과 강원도 간 협력은 1998년 5월부터 시작되었다.

연해주는 동북아국가 지방 행정부들 간 국제 관계 및 협력에 관한 정상회담과, 동북아국가 지방행정협의회에 참여하고 있다. 2017년에 전자 비자에 관한 연방법이 발효되어 13개국으로부터 약 4천 명이 연해지역으로 입국하였다. 그 결과 2017년 한국 여행사 롯데관광개발 크루즈와 아시아 코스타그룹 선박의 연해지역 입항 횟수가 증가하였다. 2016년부터는 블라디보스토크를 한국 및 일본의 여러 도시들과 연결

---

10) Андрей Тарасенко обсудил с Генконсулом Республики Корея во Владивостокереализацию совместных проектов. // Официальный сайт Администрации Приморского края и органов исполнительной власти Приморского края. 5декабря2017. http://www.primorsky.ru/news/137013/

11) Южнокорейские инвесторы реализуют на Дальнем Востоке проекты на сумму 400 миллионов долларов. //Официальный сайт Администрации Приморского края и органов исполнительной власти Приморского края. http://www.primorsky.ru/news/140952/ 5 марта 2018.

하는 페리가 운항중이다. 페리는 블라디보스토크-동해-사카이미나토 노선을 주1회 운항한다.

따라서 초국가적 공간을 조성하는 과정이 성공적으로 진척되고 있다고 할 수 있다.

러시아와 한국은 상호 이익이 되는 경제 및 무역 관계의 성공적 발전에 필요한 모든 객관적 전제조건을 갖추고 있다. 양국이 구체적으로 노력을 기울이는 분야는 공동 문서에 규정되어 있다. 난관이 없지는 않으나 서울은 러시아 시장과, 한국이 가장 관심을 갖고 있는 생산 및 과학 분야 협력에서 자신의 입지를 확고히 할 수 있는 유일한 기회를 가지고 있다. 이러한 협력은 러시아의 국익뿐 아니라, 한반도의 상대적 안정성 보장이라는 목적에도 부응한다.

현 상황에서는 상대적으로 작은 규모의 시범적인 프로그램 구동만이 가능한데(예를 들어, 북한 특별경제구역 내), 이는 한국, 북한, 러시아 3국간의 수십억 투자 및 장기 협력을 요하는 대규모 에너지 및 운송 프로젝트가, 한반도의 안전, 정치적 안정, 상업 활동의 투명성 측면에서 훨씬 긍정적인 조건들을 필요로 하기 때문이다.

따라서 러시아는 전략적 이익을 추구하면서 남북 관계의 포괄적 발전을 옹호하고 있다. 오늘날 모스크바와 서울 간 경제적·정치적 관계의 깊이와, 인도주의적·문화적 유대 정도, 발전된 신뢰 수준은 모스크바와 평양 간 보다 훨씬 더 깊고 견고하다.

복잡한 지정학적 요인들을 감안할 때, 한반도의 남녘과 북녘, 중국의 길림 지방, 연해 및 하바롭스크 지역에 거주하고 있는 한인들의 초국가적 유대는, 한반도에서 점증하고 있는 긴장과 갈등에도 불구하고 유지될 수 있는 강력한 범한인 정체성 형성에 기여할 수 있을 것이다.

그 사례 중의 하나가 발렌틴 박의 주도로 개최되는 설맞이 축하행사다. 북한과 한국 총영사는 2018년 음력설을 맞아 아르툠에서 열린 16번째 설맞이 잔치에 참석하였다. 2017년 12월 러시아 작가협회 회원이자, 나데진스크 행정구 두마 의장 발렌틴 박은 학술연구 및 국제교류 발전에 기여한 공로를 인정받아 연변국립대학교로부터 명예교수 칭호를 받았다. 시상식은 연변대학교에서 개최되었다.[12]

여기에서 국제관계 이론의 구성주의적 경향은 현재 상황을 분석할 수 있는 개념적 해석을 제공한다. 국제적·초국가적 협력 과정에서, 민족 정체성과 비교하여 국가 정체성이 차지하는 역할에 처음으로 초점을 맞추면서, 정체성에 대해 보다 심층적 이해를 구축할 준비가 되어 있는 것이 바로 구성주의다. 정체성은 국가적 차원뿐 아니라 개인적 차원에서도 분석을 제한하지 않는다는 사실에 근거한다. 그리고 어느 민족 집단 구성원들이 의식적으로 교류하고 공통의 초국가적 정체성을 형성할 수 있는 경우에 "민족 감수성" 수준을 강조한다.[13]

경제적 발전 수준에 상당한 차이가 있고, 민족적 관심사가 확연히 다르며, 민주선거에 의한 정권 교체가 이뤄지고, 협력의 상승기와 하락기라는 여건 속, 러시아 극동과 한반도 한인 디아스포라의 초국가적 협력에 관한 연구는, 한인 디아스포라가 역사적 토대 및 공동의 문화적 뿌리와 가치에 기반을 둔 새로운 초국가적 공간 조성을 바탕으로, 협력 프로세스를 형성하는 흐름을 이해하는 데 도움을 줄 수 있다.

그러한 통합적인 문화적 요소는, 지난 2017년 말과 같이, 긴장이 첨예한 상황에서도 갑자기 일어날 수 있다. 유사한 사례 중 2018년 동계

---

12) Лариса РЕКОВА. Валентин Пак стал почетным профессором. http://ytro-vostoka.ru/103/Novosti/Valentin_Pak_stal_pochetnim_professorom/

13) Hopf, Ted. "Making It Count: Constructivism, Identity, and IR Theory" in T. Hopf and B. Allan eds., Making Identity Count: Building a National Identity Database. Oxford, UK: Oxford University Press, 2016.

올림픽에서 발생한 사건들이 확실한 예가 될 수 있다. 당시 한국과 북한은 흰색 바탕에 푸른색 한반도가 그려진 "통일" 깃발 아래 올림픽 개막식을 거행하였다. 2000년대 초반까지만 해도, 북한과 한국의 올림픽 공동참여는 개막식 행사에서 단일 대표팀으로 등장하는 것에 국한되었었다. 하지만 이번에는 여자 아이스하키가 남북단일팀으로 출전하는 데 합의하였다. 연해지역에서 온 관광객 중에는 고려인단체 대표들도 있었다. 이 흥미로운 이야기는 올렉 박과 관련이 있다. 미국 ABC 뉴스는, 한국의 평창 올림픽 뉴스를 전하면서 극동연방대학교 의료센터 주임의사 올렉 박을 민족주의자로 소개하였다. "국제올림픽위원회는 우리가 우리 선수단을 응원하는 것을 금할 수 없습니다. 심지어 우리가 러시아 올림픽 응원단이라도 말입니다. 왜냐고요? 우리에게 그것은 중요하지 않기 때문입니다. 러시아 대표팀, 러시아에서 온 올림픽 선수들, 모두 같은 사람들입니다. 우리는 러시아인입니다."라는 연해주 관광객의 멘트를 보도하였다.[14]

소련 해체 후, 러시아 한인 의식 속에 민족 자결이 급변했다고 할 수 있다. 이러한 현상은 민족의 문화와 전통 부활에 힘쓰는 민족문화협회를 국가가 지원하면서 촉진되었다. 1990년대 초반 러시아로 이주한 고려인들은 자신이 살아갈 주거지로, 그들이 예전에 살았던 적이 있는 연해지역과 하바롭스크지역을 주로 택했다. 가장 중요한 사건은 1993년 러연방 최고위원회의 "러시아 한인 복권에 대하여"라는 결정이었다. 그 결정에 따라 고려인들은 1937년 강제이주 전까지 살았던 곳으로 돌아갈 권리를 획득했다. 러시아 극동으로 돌아온 고려인들에게 러시아 당국뿐 아니라 한국의 다양한 사회단체들도 그들의 경제 회복과 민족

---

14) Олег Пак: «Правильнее было назвать меня российским патриотом, а не националистом». http://primpress.ru/article/23829

문화 부흥에 필요한 재정적 지원을 아끼지 않았다.

1990년대 연해지역 고려인 수의 증가는, 민족 문화를 보존하고 잃어버린 고국을 찾고자 하는 생각이 촉진한 민족적 통합을 수반하였다. 고려인 경제 엘리트의 적극적 활동과, 한국의 다양한 단체와 기업으로부터 받은 재정 지원은, 민족 공동체의 발전을 가능하게 하고 있다. 블라디보스토크, 하바롭스크, 유즈노사할린스크에서 운영되고 있는 한국교육원을 예로 들 수 있다.

1990년대 초 연해지역에 고려인 민족문화자치구역을 조성하려는 생각이 광범위하게 퍼졌다. 그러나 러시아의 복잡한 국내 상황과 극동지역의 정치적 환경 악화 및 해외 이민자들에 대한 불완전한 법체계 등으로 인해 고려인들의 자치구역 창설은 불가능하였다. 여러 가지 이주 동기 중 한 가지만이라도 실현하기 위한 현실적 여건이 부족했기 때문에, 이주 또한 고려인 디아스포라 지도부가 생각했던 것보다 작은 규모로 이루어졌다.

최근 몇 년간 러시아 한인의 삶 모든 영역에서 국제적 접촉이 강화되고 있는데, 여기에 한국과 북한에서 "역사적 고국" 찾기를 돕는 한국단체들과의 교류도 포함된다. 러시아 고려인 단체들은 정기적으로 한국 문화행사를 개최하고, 한국과 북한을 여행한다. 그밖에 한국과 북한예술가들을 초청하여 전통음악과 고전무용을 배우고 있다.

고려인 디아스포라에게 "소프트 파워"가 올바르고 효과적인 메커니즘으로 간주될 수 있다. 러시아 극동에 거주하는 고려인들은 한반도 양국의 문화, 경제, 정치적 관계 발전에 기여하고, 지역간 · 국제적 관계를 발전시키며, 한국 재단과의 협력을 통해 학문적 · 실무적 컨퍼런스를 개최하고 있다.

예컨대, 2017년 9월 15일 러시아 과학아카데미 극동지부는 극동 고려인의 중앙아시아 강제이주 80주년을 기리는 "1937년: 고려인 – 과거, 현재 그리고 미래"라는 제목의 국제심포지엄이 개최하였다. 국내외 교육·연구기관 교수 및 연구자들과, 러시아, 독립국가연합, 중국, 한국 사회단체 대표들이 심포지엄에 참석하였다.[15]

전러시아고려인연합회(모스크바시), 러시아과학아카데미 극동지부, 과학아카데미산하 극동지부 극동민족의 역사, 고고학 연구소, "연해주 고려인협회"(우수리스크시), 한국 국제교류재단, "최재형 기념사업회", 동국대학교 대외교류연구원, 전북대학교 전라문화연구소가 국제 심포지엄 공동 주최자로 참여하였다. 심포지엄의 목적은 독립국가연합 다민족들 간 민족공동체 발전 특징과 특수성, 독립국가연합 국가 내 한국학 센터들 간의 상호 교류 증진, 한반도 평화 유지 및 우호 증진 기여, 사회 내 민족 간 관계 조화 정책 개발 및 강화, 다민족 사회 내 문화 교육 등이었다.

오늘날 고려인들은 높은 교육적, 경제적, 사회적 지위가 특징적이다. 필자는 이번 연구를 통해 연해지역 고려인들이 이 지역 학문, 기업, 행정 엘리트에 속하는 것을 보여주었다.

이러한 과정이 발전한 결과, 초국가적 실천은 물론, 초국가적 사회 공간까지 점진적으로 조성되고 있다. 물론 이런 현상을 국제관계의 단순한 발전이나 글로벌화와 동일시해서는 안 된다. 이와 같은 현상은 개인 및 민족 집단 또는 조직이 동시에 "이곳과 저곳"에 있는, 두 가지의 다른 사회 공간과 (또는) 일상 세계에 있는 상황을 전제로 한 것이다.

러시아 극동에서 초국가적 활동이 점차 빈번해지고 강화되면서, 고려인이 민족적, 문화적, 지역적, 사회적, 젠더 및 기타 특징에서 벗어나

---

15) Международный симпозиум «1937 год: Русскоязычные корейцы – прошлое, настоящее и будущее». http://ihaefe.org/news/5111

공동체 발전의 중요한 일부가 되는 초국가적 사회문화 공간이 조성되고 있다. 그리고 다양한 생활수준의 대중이 포함된 이 공동체가 만들어내는 국제적 사건과 프로젝트들은 경제적, 정치적, 사회문화적 측면에서 가장 다양한 발전 방향을 규정한다.

게다가 초국가주의는 재화, 자본, 서비스 및 여타 형태의 단순한 교환에서부터, 지속가능한 조직과 공동체 형성에 이르기까지 다양한 형태와 다양한 강도를 지니며 다양하게 표출된다. 초국가주의는 보다 넓은 의미에서 "상층의" 지역적 경계의 존재와 관련이 있다. 초국가적 현상 분석은 종종 이주 연구와 관련이 있지만, 그것은 이주 과정과 무관한, 예컨대 초국적 기업, 교류망, 종교단체 등과 같이 존재할 수도 있다.

결론

　한·러 대외정책 전략은 디아스포라의 이해관계를 고려한 상호 작용의 구축을 전제로 하고 있다. 게다가 러시아 한인은 다양한 정체성을 지닌 안정된 공동체로, 국민으로서 러시아 구성원이라는 인식이 확고해 한국과의 관계에서 이주민이라는 설정은 약하게 표출된다.

　지금의 한인 디아스포라가 극동 지역에 형성되기 시작한 것은 1950년대의 일이다. 당시 차별적 제한이 폐지된 후, 소련 전역에서 고려인들의 대규모 이주가 시작되었다. 높은 수준의 사회적 이동, 중요한 사회·경제적 지위 향유, 지역 공동체 긴밀한 통합을 특징으로 하는 이주민 숫자는 수십 년 동안 꾸준히 증가하였다. 논쟁이 있을 수는 있지만, 한인 디아스포라는 자유주의 원칙에 기반을 두고 있다. 러시아 한인들은 고유문화로 폐쇄적 집단을 만들지 않았으며, 우호와 존경을 심어주려 노력하였다. 이런 접근 방식이 성공적인 목적 달성을 도와주었다. 그와 같은 고려인 민족기구의 활동 방식은 고려인 뿐 아니라 한국의 문화, 언어, 풍습에 관심을 가진 사람들까지 끌어 들이고 있다.

　일련의 소수민족 차별 균일화 및 가정·일상생활 방식의 현지화에도 불구하고, 극동 한인들은 민족 정체성을 안정적으로 유지하고 있다.

한·러 외교관계 수립을 계기로 연해지역, 하바롭스크지역, 아무르주에서 러시아 한인 문화는 대중으로 스며들었고, 다민족으로 구성된 러시아 사회에서 문화 간 소통 요소 중 하나가 되었다. 한인의 문화적 활동성이 증가하고 있다. 한인 사회단체의 주도로 학교와 박물관이 설립되었으며 정기 간행물이 발간되고 있다. 이에 한국 대사관이 특별 지원을 하고 있다. 오늘날 모든 한인 기구나 단체는 자체적으로 합창단과 무용단을 가지고 있으며, 민족 명절을 지키는 일은 이미 전통이 되었다.

민족의 언어에 대한 인식은 민족 정체성을 구성하는 중요한 요소이며, 동시에 민족 보존의 중요한 수단이다. 그럼에도 불구하고 연해 및 하바롭스크 지역에 거주하는 대다수 고려인은 모국어를 구사하지 못한다. 하지만 이와 같은 상황이 한인 정체성 보존을 방해하는 것은 아니다. 이는 민족 정체성 보존에 있어 가장 중요한 요소 중 하나로 간주되는 민족 언어가, 민족 정체성을 구성하는 요소에서 배제될 수 있으며, 중요하지 않을 수도 있음을 보여주는 예이다. 게다가 이와 같은 민족 형태가 세대를 이어 전해지고 있다. 이런 상황에서 민족과 민족 정체성이 여전히 계승되고 있는 이유는, 역사적, 유전적, 혈연적 민족문화에 대한 기억이 고려인의 민족 기원에 깔려있기 때문이다.

2017-2018년 실시된 설문 조사를 토대로 연해 및 하바롭스크 지역 한인 정체성 구조의 형식적 특징을 규명하는 연구를 시도하였다. 그 결과, 고려인의 자부심은 통합의 유형에 따라 발전하는 건전한 민족 집단 영역에 속하는 것으로 밝혀졌다. 20세기 통합프로세스는 러시아의 국가 제도 및 문화에 대한 극동 한인의 접근성을 불러왔다. 그 결과 역사적 고국과 문화적 거리가 생겨났다. 하지만 한국은 문화, 교육, 경제 및 "경제적 작은 영향력" 분야에서 적극적인 국가차원의 디아스포라 대상 활동을 전개하고 있으며, 덕분에 지역 한인의 민족 정체성이 실현되고

있다.

뛰어난 적응력과 자기조직 력은 러시아 한인 역사에서 153년 전 러시아로의 이주 당시 이미 표출되었다. 최초의 고려인 단체 조직화 작업은 20세기 초에 시작되었다. 이는 정치적 성격을 명백히 드러낸 것으로 조선의 독립투쟁을 자신들의 임무로 설정하였다. 이후 사회적 관심사의 초점은 주류 사회의 조건에 적응하는 방향으로 전위되었다. 그렇게 탄생한 것이 고려인 혁명위원회, 집단농장, 기타 조직들이다.

오랫동안 침체되었던 사회운동은 1980년대 후반부터 1990년대 초반에 상승세를 타기 시작하였다. 러시아 극동 사회단체 활동 중, 특히 고려인 민족문화자치회는 공동체를 통합하고, 잃어버린 문화적 요소를 복원하며, 정부 기관과 효과적인 상호작용을 전개하는 쪽으로 방향을 잡았다.

이 과정에서 자극을 준 요소 중의 하나는, 디아스포라 활동 및 조직 형성에 있어 한국의 적극적인 참여였다. "작은 영향"의 결과, 극동 한인 사회에 글로벌 한인 공동체를 위한 다방면적인 문화적 징표가 전달되었다. 러시아 사회로 통합되는 과정에서 전통과 언어를 일부 상실한 극동 한인들은 점차 한국적 유형의 문화 모델을 따르게 되었다. 한국 전통 문화의 상징을 중심으로 민족 정체성이 구축되기 시작하였다. 동시에, 러시아와 전 세계에서 한국의 명성이 높아지면서 연해 및 하바롭스크 지역 한인 문화는 지역 공동체에 활발히 전파되기 시작하였다.

고려인들이 자신의 명절행사, 예술전통, 음식문화, 역사유산을 대중에 공개하는 것은, 지역 다민족공동체의 긍정적인 반응에 부응한 것이다. 러시아 한인의 음식은 대중화되고 있으며, 최근 블라디보스토크와 하바롭스크에 문을 연 북한음식점의 등장으로 소비자들의 이목이 더욱 집중되고 있다. 고려인 예술단원들은 이 지역에서 정기적으로 개최되는 문화행사에 참가하고 있다.

시베리아와 러시아의 민족사회적, 민족정치적 현실을 분석한 결과, 연해 및 하바롭스크 지역 한인들은 20세기 말부터 21세기 초에 걸쳐 양국 외교관계에서 적극적인 주체가 되고 있다. 그들은 국제 무역과 경제 협력 조성에 참여하고 있다. 초국가적 담론에서 연해 및 하바롭스크 지역 한인들은 경제, 정치, 학술, 문화 교류 증진에 있어 중개자 역할을 수행하고 있다.

지역 한인 공동체는 안정적으로 유지되고 있으며, 한반도로 본국 송환하는 추세도 없다. 한국의 재외동포 정책은 해외 동포를 본국으로 귀국시키는 것이 아니다. 한국 재외동포 정책의 주요 목적은 해외 거주 한인들의 민족 공동체 형성의 파트너로서 그들과 적극적으로 상호 교류하는 데 있다.

해외 동포의 관심을 끄는 한국 정책이 국제적 동향과 상호 이익이 되는 협력 논리에 부합한다는 사실이 연구 과정에서 입증되었다. 한국의 균형적인 디아스포라 정책은, 자국의 국익 실현에 있어, 향후 잠재력을 이용하기 위한 주류 사회에서 재외 동포 지위를 창출하는 데 집중하고 있다.

러시아의 입장 또한 자체조직화와 다문화 담론으로 가는 민족공동체적 능력을 증진하는 데 있다. 그러나 세계 질서가 차츰 변하고 디아스포라의 역할이 커지는 상황에서 효과적인 디아스포라의 상호작용을 위해 러시아 정부는 초국가적 협력을 조직하는 데 보다 더 큰 역할을 해야 한다. 이러한 의미에서 연해 및 하바롭스크 지역 한인 사회는 러시아 사회에 깊숙이 통합되어 있으면서 점진적으로 세계 한인 디아스포라의 일부로 변해간다는 사실을 체제적 특성 경험이 말해준다.

참고문헌

1. Бугай Н.Ф. Российские корейцы: перемены, приоритеты, перс пектива. – М.: 2014. – 456 с.

2. Бугай, Н.Ф. Корейцы в СССР: из истории вопроса о националь ной государственности // Восток. 1993. №2. С. 152.

3. Ващук А.С.,Чернолуцкая Е.Н., Королёва В.А, Дудченко Г.Б., Гер асимова Л.А. Этномиграционные процессы в Приморье в XX веке. Владивосток: ДВО РАН, 2002. – 228 с.

4. Волкова Т.В. Российские корейцы: к вопросу о самоидентифи кации. //Этнографическое обозрение, 2004, № 4. С. 27- 42.

5. Всероссийская перепись населения 2010. [Электронный ресур с]. URL http://www.gks.ru/free_doc/new_site/perepis2010/ croc/perepis_itogi1612.htm

6. Дин Ю. И. Корейская диаспора Сахалина: проблема репатриа ции и интеграция в советское и российское общество. Ю жно-Сахалинск: ОАО Сахалинская областная типография, 2015 – 332 с.

7. Забровская, Л. В. Российские корейцы и их связи с родиной п редков (1990—2003 гг.) // Проблемы Дальнего Востока. - 2003. - № 5.

8. «Истинно русский кореец». Интервью Яны Коноплицкой. //Но вости, 12 августа 2005 г.// [Электронный ресурс]. URL http://daily.novostivl.ru/archive/?sstring=&year=&f=sz&t=0508 12sz02. Дата обращения [19 января 2018 г.].

9. Ким, А. С. Транснациональность корейской диаспоры в Дальн евосточном регионе // Пространственная экономика. – 2006. – Вып. 4. – С. 123-133.

10. Ким, Е. В. Российские корейцы: грани этнической идентичн ости // Азия и Африка сегодня. – 2013. – Вып. 2. – С. 52-56.

11. Киреев А.А. Корейцы на российском Дальнем Востоке: диасп ора или субнациональная общность? // Известия Восточн ого института. 2012, № 1. С. 57-69.

12. Нам С. Г. Из истории корейской общины на Дальнем Восток е (20-ые годы). // Проблемы Дальнего Востока. 1993, № 2, с. 170.

13. Ли Н.А. Условия и барьеры социокультурной интеграции кор ейской субобщности на Юге России. // Теория и практика общественного развития. 2013, № 9, с. 39-42.

14. Корейцы на российском Дальнем Востоке (вт. пол. XIX – нач. XX вв.). Документы и материалы. – Владивосток: Изд-во Д альневост. ун-та, 2001. – 380 с.

15. Пак Б. Д. Корейцы в Российской империи. Иркутск, 1994.

16. Петров А.И. Корейская диаспора на Дальнем Востоке России 60-90-е годы XIX века. – Владивосток: ДВО РАН, 2000. – 304 с.

17. Петров А.И. Корейская диаспора в России. 1897-1917 гг. – Вла дивосток: ДВО РАН, 2001 – 400с.

18. Позняк Т.З. Иностранные подданные в городах Дальнего Вос тока России (вторая половина XIX - начало XX в.). Владив осток, Дальнаука, 2004.

19. Тишков В.А. Реквием по этносу: исследования по социально- культурной антропологии. – М.: Наука, 2003.

20. Торопов А.А. К вопросу о депортации корейского населения. // Политические репрессии на Дальнем Востоке СССР в 1920-1950-ые годы: Материалы первой науч.-практ. конф. Владивосток: Изд-во Дальневост. Ун-та, 1997.

21. Тощенко, Ж. Т., Чаптыкова Т.И. Диаспора как объект социоло гического исследования // Социологические исследовани я. 1996. № 12. с. 33-42.

22. Троякова, Т. Г. Корейская деревня в Приморье: один из проек

тов национального возрождения// Этнографическое обоз
рение. - 2008. - № 4. - С. 37-43.

23. Троякова Т.Г. Региональная политика и трансграничные миг
рации в Приморском крае. С. 391- 436. // Россия двухтыся
чных: Стереоскопический взгляд. Под ред. Генри Хейла и
Ивана Куриллы. М.: Планета, 2011.

24. Anderson, Benedict. Imagined Communities. Reflections on the
Origins and Spread of Nationalism. London: Verso
Books,1983.

25. Brubaker Roger. The 'diaspora' diaspora // Ethnic and Racial
Studies. – 2005. – Vol. 28. – No. 1. P.11-19.

26. Hopf, Ted. "Making It Count: Constructivism, Identity, and IR
Theory" in - T. Hopf and B. Allan eds., Making Identity Count:
Building a National Identity Database. Oxford, UK: Oxford
University Press, 2016.

[첨부 1] "연해지역 러시아 한인" 설문조사 분석지

2017년 4-5월 설문지 조사 작업을 수행했다.

설문조사 기간 동안 연해 및 하바롭스크 지역 거주 한인 212명이 설문에 응하였다. 응답자 중 92%는 도시에 거주하고, 나머지는 그외 지대에 거주한다.

설문 응답자의 연령대: 1925년부터 2003년까지 출생년도가 다양한 연령집단이다. 연령별 비율(표1 참조)은 충분히 균일한 편이며, 이는 민족 정체성 형성에 관한 본 연구에 있어 중요하다.

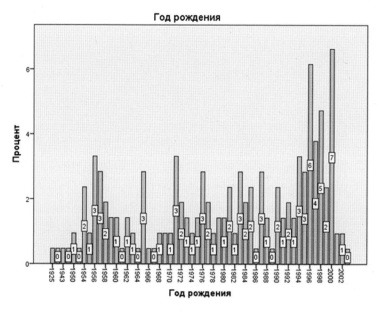

〈표 1〉 연도별 출생 비율

러시아 한인의 정체성 규명을 위한 여러 가지 질문들 가운데, 한국과 북한 응답자에 대한 조항도 있었다.

응답자 중 20%는 국가 기관 종사자이고, 41%는 개인 기업에서 일하며, 나머지는 은퇴자 혹은 학생이다. 중등교육 이수자(52.8%)와 고등 교육이수자(44.8%) 비율이 높다.

응답자의 출생지 중 중앙아시아 국가 출생자가 21.9%로 가장 많았다. 그밖에 블라디보스토크 – 12.7%, 하바롭스크 지역 – 19.8%, 사할린주 – 17.9% 였다. 부산과 서울 – 1.9%, 북한 – 1.9%, 중국 – 0.5% 였다.

위 결과를 응답자 부모의 출생지와 비교해보면 흥미롭다. 응답자 부모들 중 4.3%는 한국에서, 9.5%는 북한에서 태어났다. 이러한 결과는 표본의 연령 지수와 러시아 한인 이주 인파가 집중된 것과 상관관계가 있다.

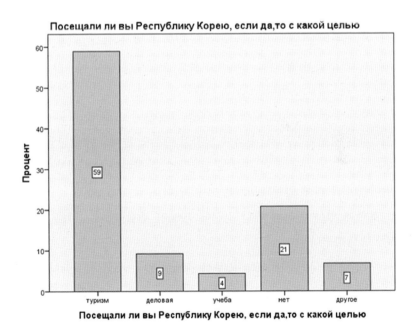

〈표 2〉 한국 방문 여부와 그 목적

"귀하의 고국을 어디라고 생각하십니까?"라는 질문에 응답자의 48%가 출생국을 표기하였다. 설문 대상자들의 출생지와 고향 비율을 감안할 때 73.8%가 러시아에서 태어났다는 것은 응답자 대부분이 러시아를 자신의 고국으로 여기고 있다고 결론 내릴 수 있다. 조상이나 역사적 고국 땅을 고국이라 대답한 사람은 14%였으며, 질문에 대답하기 어렵다는 응답자는 2%였다.

사회단체 활동에 대해, 응답자의 73%는 그 어떤 조직 활동에도 참여하지 않는다고 답하였다. 오직 8%만이 러시아 고려인 단체 활동에 참여하고 있으며, 4%가 종교 단체 활동에 참여하고 있다고 답하였다.

대부분의 응답자들은 다양한 목적으로 한국을 방문한 적이 있었다. 이 경우 관광 목적이 가장 높았다. 표 2 참조.

이 수치는 북한 방문자 수치와 대조된다(표 3 참조). 설문 응답자 대부분이 거주하는 연해 및 하바롭스크 지역은 역사적으로 북한 이주민 출신이 더 많은 지역이다. 하지만 오늘날 북한과 실질적 교류가 없다는 점에 주목할 필요가 있다.

"한국에 친척이 있습니까?, 있다면 그들은 무슨 일을 하고 있습니까?" 라는 질문에 27%가 한국에 친척이 아무도 없다고 대답하였다. 하지만 많은 응답자들이 이 질문에 긍정적으로 답하였으며 한국 친척들이 어떤 일을 하고 있는지도 말할 수 있었다.

북한에 있는 친척에 대한 질문에 79%가 부정적으로, 17%가 긍정적으로 답하였다.

"당신은 한국인 사업가와 업무상 관계를 맺는 것을 지지합니까?"라는 질문에 응답자의 19%가 긍정적으로, 80%는 부정적으로 답하였다.

"당신은 북한 사업가와 업무상 관계를 맺는 것을 지지합니까?"라는 유사 질문에는 3%가 긍정적으로, 97%는 부정적으로 답하였다.

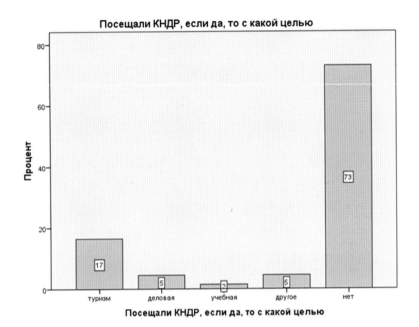

Посещали КНДР, если да, то с какой целью

〈표 3〉 북한 방문여부와 그 목적

　"한국은 재외동포와 그들이 살고 있는 국가에 경제적 지원을 해야
합니까?"라는 질문에 29%는 그렇다, 27%는 아니다, 33%는 생각해본
적이 없다고 답하였다.

　결론적으로, 러시아 한인의 북한과의 관계는 앞으로 협력 강화를 노
력을 필요로 한다고 할 수 있다.

[첨부 2] 설문지 양식

설문지

존경하는 응답자 여러분!

러시아 한인들의 정체성 형성에 관한 프로젝트를 수행하고 있습니다. 이와 관련하여 설문 조사에 응해 주실 것을 요청합니다. 이 연구 결과는 러시아 극동의 러시아 한인에 대한 전문 연구서를 집필하는데 활용될 예정입니다.

이 연구에 여러분들의 참여가 연구서 집필에 도움이 될 것이며, 이 주제의 더 깊은 연구를 지속하게 할 것입니다.

이 설문지는 오직 연구 목적으로만 이용될 것이며, 그 어떤 다른 기관이나 사람들에게 제공되지 않을 것입니다.

참여에 미리 감사드립니다!

1. 출생년도

2. 출생지(예를 들어, 타시켄트, 우즈베키스탄)

3. 부모 출생지

4. 여러분의 고국은 어디입니까?

1) 출생국

2) 현재 거주하고 있는 나라

3) 역사적 고국(정확하게:)

4) 대답하기 어려움

5. 교육 정도

1) 중등 미 졸업

2) 보통 중등 과정

3) 전문 중등 과정

4) 대학 미 졸업

5) 대학 과정(학과)

6) 2개 이상 대학 과정

7) 대학원 이상

6. 부모님의 교육 정도

1) 중등 미 졸업

2) 보통 중등 과정

3) 전문 중등 과정

4) 대학 미 졸업

5) 대학 과정(학과)

6) 2개 이상 대학 과정

7) 대학원 이상

7. 현재 거주지는 어디입니까?

　　1) 도시

　　2) 농촌

　　3) 기타(구체적으로　　　　　)

8. 그곳에서 얼마 동안 거주하고 있습니까?

9. 근무처

　　1) 국가 기관

　　2) 개인 기업

　　3) 기타

10. 직업은 무엇입니까?

11. 가족 관계는 어떻게 됩니까?

　　1) 가족과 함께 살고 있는 남편/아내

　　2) 남편/아내와 같이 살고 있지 않는 남편/아내

　　3) 동거 형태로 살고 있음

　　4) 이혼

　　5) 상처함

　　6) 미혼

12. 당신의 배우자는 어떤 민족입니까?

　　1) 한인

　　2) 기타(구체적으로 써주세요　　　　　)

13. 어떤 언어를 쓰나요?

1) 러시아어

2) 한국어

3) 기타(구체적으로 써주세요   )

14. 어떤 언어를 배우고 있나요?

1) 러시아어

2) 한국어

3) 기타(구체적으로 써주세요   )

15. 어떤 언어를 배우고 싶나요?

1) 러시아어

2) 한국어

3) 기타(구체적으로 써주세요   )

16. 어떤 관습을 준수합니까?

1) 러시아 관습

2) 한국 관습

3) 기타 관습

4) 따르는 관습이 없다

17. 어떤 명절을 지키고 있습니까?

1) 러시아 명절

2) 한국 명절

3) 기타 명절

18. 당신은 사회단체 활동에 참여하고 있습니까?(아니라면 20번 문항으로)

1) 그렇다

2) 아니다

19. 당신이 참여하고 있는 단체를 표기해 주세요.

1) 러시아 고려인 단체(구체적으로   )

2) 지역 단체(구체적으로   )

3) 정당(구체적으로   )

4) 기타(구체적으로   )

20. 당신이 주요한 관계로 여기는 커뮤니티는 무엇입니까?

1) 거주하고 있는 국가의 커뮤니티

2) 민족 커뮤니티

3) 종교단체

4) 직업 커뮤니티

5) 가족

6) 대답하기 어려움

7) 기타(구체적으로   )

21. 한국을 방문한 적이 있습니까?(없다면 23번 문항으로)

1) 있다

2) 없다

22. 어떤 목적으로 한국을 방문했습니까?

1) 관광

2) 업무

3) 학업

4) 기타(구체적으로   )

23. 한국에 친척이 있습니까?(없다면 25번 문항으로)

1) 있다

2) 없다

24. 당신의 친척은 한국에서 어떤 일을 하고 있습니까?

1) 대학에서 학업

2) 학업과 일

3) 일

4) 일하지 않음

5) 연금생활자

6) 기타(구체적으로   )

25. 당신은 한국 기업가들과 일할 생각이 있습니까?

1) 있디

2) 없다

3) 기타(구체적으로   )

26. 한국은 재외동포와 그들이 살고 있는 국가에 경제적 지원을 해야 한다고 생각하십니까?

1) 그렇다

2) 아니다

3) 생각해본적 없다

4) 답하기 어렵다

5) 기타(구체적으로   )

27. 북한을 방문한 적이 있습니까?(없다면 29번 문항으로)

1) 있다

2) 없다

28. 어떤 목적으로 북한을 방문했습니까?

1) 관광

2) 업무

3) 학업

4) 기타(구체적으로   )

29. 북한에 친척이 있습니까?

1) 있다

2) 없다

3) 기타(구체적으로   )

30. 당신은 북한 사업가와 일할 생각이 있습니까?

1) 있다

2) 없다

3) 기타(구체적으로   )

31. 한국 작가들의 작품이나 신문, 책을 읽은 적이 있습니까? 있다면 어떤 언어로 읽었습니까?

1) 러시아어

2) 한국어

3) 기타(구체적으로   )

32. 한국 영화를 본 적이 있습니까? 있다면 어떤 언어입니까?

    1) 러시아어

    2) 한국어

    3) 기타(구체적으로   )

설문 조사에 협조해 주셔서 감사합니다.

3부

연해주와 하바롭스크주 러시아 한인 청년 조직

서론

    오늘날 러시아 극동 지역에서의 삶은 러시아 한인 젊은이들로 하여금 다양한 그룹과 단체로의 가입을 통해 단결시키는 도전적 과제를 주며 그 전제조건을 제시한다. 이러한 단결은 각각 개인, 그룹, 커뮤니티 단계에서 러시아 한인 청년 조직 참가자들의 공동체 의식과 공동의 책임감에 대한 기본적인 개념을 형성하는 결속 요인으로 작용한다.

    청년 조직은 청년들의 젊은 에너지와 열정을 올바른 방향으로 이끄는 사명을 띤다. 대부분의 청년 조직은 스포츠에서 일반적인 액티비티에 이르기까지 다양한 분야에 걸쳐 젊은이들의 능력과 기능을 개발할 수 있도록 지원한다. 하지만 청년 조직은 국가적 작용 대상으로 검토되는 청년들에게 영향력을 발휘하는 도구로만 역할을 수행해야 한다.

    젊은 세대가 가입하고자 하는 단체의 다양한 형태, 범주, 선택 가능성을 기반으로 1990년대 초반 시작된 러시아 내 청년 운동의 형성 및 전개 과정이 사실상 최근 마무리되었다. 러시아 청년 운동은 스포츠, 정치, 창작, 경제 분야 등 광범위한 활동 방향으로 차별화된다. 청년 단체만이 지니는 고유의 특이점은, 젊은이들이 공동체 내에서 자신의 위치 및 권리에 대한 무언가 새로운 관점과, 자신의 염원 및 희망을 토대로 한 관점을 발전시켜 나가려는 욕구로 귀결된다. 청년 운동은 가장 다양한 사회 생활 분야에서의 활동을 지도한다.

본 논문에서는 조직 활동에 청년들의 참여를 유도하는 다양한 주제, 청년들의 사회화 특징, 리더십 문제 및 활동중인 연해주와 하바롭스크주 러시아 한인 민족 문화 단체와의 협력 문제에 대해 살펴보고자 한다. 더불어 운동의 조직적 핵심인 청년 센터의 특징과 조직 구성 및 기본적인 사업 동향을 뒷받침하는 업무 메커니즘을 규명하고자 한다.

그 밖에도 오늘날 연해주와 하바롭스크주 청년 조직 사업에서 실제 구현되고 있는 일련의 주제 방향, 실제 경험 및 행동 시책들이 제시되어 있다. 신문과 사이트 등에 게재된 청년들의 인터뷰 기사 내용을 토대로, 집단이 개인에 미치는 다양한 영향력 및 리더의 지위 겸비와 관련해 예측 가능한 위험 요인들을 부언해두었다.

러시아 한인 청년 조직이 결성되게 된 원인을 분석하고, 다양한 그룹 활동으로 구성원들의 참여를 유도하며, 구조적 특성, 사업 조직 시스템, 기능적 체계와 방향 및 그 안에서 가능한 사업 진행 방식을 검토해 보는 것이 본 논문의 목적이다.

제1장

러시아 극동지역 한인 청년 그룹과 청년 단체 발전의 특징

　최근 10여 년간 러시아 극동시역의 발전 방향을 보면, 긍정적이면서도 부정적인 전개 과정이 특징적이다. 지리적으로 변강에 위치한 러시아 극동지역은, 자체적으로 생산에 간여하고 전통적으로 통과적 기능을 주로 수행하면서, 동북아에서 경제적으로나 정치적으로 중요한 역할을 맡아왔다. 이와 함께 이주가 적은 상황에서 인구 과소화 및 이민으로 인한 인구 유출 등으로 주민 수가 더 감소하는 결과를 초래하였다. 극동 연방 관구는 사회·인구 통계학적으로 불리한 지역이 되어 버렸다. 따라서 극동지역 거주자 수를 확보할 지정학적 임무를 완수하기 위해 경제 발전을 도모하고 주거 환경을 편리하게 조성하는 것이 극동지역의 전략적 현대화 목표라 할 수 있다.

　러시아 극동지역 한인 청년 그룹과 청년 단체 발전의 특이사항은, 특정한 역사적 상황에서 사회 조직에 대한 수요가 반영되었다는 점이다. 세계화, 이주로 인한 인구 유출, 인구 감소화, 정체성 등 다양한 측면을 내포한 영향력이 작용한 탓이라 할 수 있다. 이미 10여 년 전에 세계화, 문화적 독창성, 개인주의의 발전이 점진적으로 인간의 삶에서 인종적 요인을 평준화시키는 결과를 초래한다는 의견이 존재했었다. 하지만 많은 민족들은 자신만의 고유한 독창성을 보존하려 노력하였고, 자신만의 문화적 민족적 특성에 내재된 희귀성을 강조하는 과정을 전 세계적으로 펼쳐보였다. 현대 사회에서 인종적 요소는 그 역할이 축소되지 않으며, 어떤 경우 역할이 더 커지기도 하고, 민족적 재탄생 과정이 전개되기도 한다. 이때 디아스포라 간의 민족 정체성이 거의 동시에 앙양되고 디아스포라에 대한 관심이 확대되는 현상이 관측된다.

러시아 한인들 중 특히 젊은 세대의 경우, 민족적 기반의 일정한 손실로 발현되는 개인의 정체성 혼란 문제에 대해 이야기해보자. 여기에서 2018년 12월 김 스베틀라나가 진행한 엄 파벨의 인터뷰 기사 중 발췌한 내용의 일부를 인용할 필요가 있어 보인다. 정체성에 대한 질문에 엄 파벨은 다음과 같이 말하였다. «어릴 적 기억을 돌이켜 보면, 제가 10~12살쯤 되었을 때 아버지랑 축구 경기를 관람하면 전 늘 한국을 응원했습니다. 우리는 한국인이니까 반드시 한국을 응원해야만 한다고 생각했습니다. 그런데 놀랍게도 아버지는 항상 러시아를 응원하셨어요 (웃는다). 게다가 지금이야 웃어른을 공경해야 한다는 가부장적 사회규범을 이해합니다만, 우리는 러시아인이기도 하지요. 우리는 러시아에서 교육을 받았어요. 러시아 고등교육기관을 졸업했지요. 그러니까 학창시절을 러시아에서 보낸 사람들이라 할 수 있어요. 따라서 50:50이라고 보면 돼요. 우리의 삶에는 역설적인 면이 있거든요. 어떻게 보면 우린 여기서도 이방인이고, 저기서도 이방인인, 그런 패러독스 말이에요. 한국에 가면 우리를 약간 내려다보는 경향이 있어요. 그런데 러시아에서는 또 나름 제가 가장 자주 듣는 말이 있어요. 저더러 중국인이

냐고 물어보죠. 이 나라에서 태어났고 완전한 권리를 지닌 이 사회의 일원인 저를 보고 말이죠».[1] 엄 파벨의 경우, 대한민국 여러 도시를 주제로 논문을 썼지만, 업무적 특성상 유럽에서 자신의 학술 연구 활동을 지속하는 쪽을 택할 것이라고 자신의 포부를 또렷이 밝혔다.

부정적 성향의 정보만을 언급하는 것으로는 충분치 않다. 오늘날 힘든 상황에 대한 요구를 적절히 충족시킬 수 있는 효과적인 해결책을 찾는 것이 훨씬 더 어렵다. 우리는, 이렇게 힘든 역사적 여건 속에서 그들의 행동이 건설적인 방향으로 나아가는 길을 찾고, 청춘 남녀의 발전에 기여하며, 그들의 잠재력 계발을 돕는 데 바로 젊은 세대의 가능성이 있다고 본다. 예컨대, 정체성 형성을 위해서는 오랜 시간이 필요하고 거주지도 바뀌어야 한다. 인터뷰 중에 만난 한 여성은 정체성뿐 아니라 직업 선택에 대해서도 나와 의문을 같이 하였다. 그녀는 타타르인 어머니와 고려인 아버지 사이에 태어난 외동딸로 자신의 고향에서 고등교육을 받았으며 한국에 있는 대학을 공부하였다. 한국에 머물면서 한국어를 배웠기 때문에 그곳에서 계속 일할 수도 있었지만, 몇 해 지나지 않아 다시 러시아로 돌아왔다. 블라디보스토크에 있는 현대미술센터에 취직해 일했으며, 문화 분야에서 학술적 활동을 하기로 결심하고 이를 위해 미국 대학 중 한 곳에서 연수를 계획하였다.

이토록 힘든 역사적 여건 속에서 러시아 한인 청년의 활동이 건설적

---

[1] Светлана Ким 25. ДЕКАБРЯ 2018 АВТОР: KOREUSARAM Павел Эм, об актуальном положении этнических корейцев в Корее и процессах глобализации, кандидат географических наук, Нидерланды, Амстердам (https://koreusaram.wordpress.com/2018/12/25/%D0%BF%D0%B0%D0%B2%D0%B5%D0%BB-%D1%8D%D0%BC-%D0%BE%D0%B1-%D0%B0%D0%BA%D1%82%D1%83%D0%B0%D0%BB%D1%8C%D0%BD%D0%BE%D0%BC-%D0%BF%D0%BE%D0%BB%D0%BE%D0%B6%D0%B5%D0%BD%D0%B8%D0%B8-%D1%8D%D1%82%D0%BD%D0%B8/)

방향을 찾는 것은 난해한 과제이다. 하바롭스크주에서 활동 중인 사회단체 한민족 청년문화센터 '고려'는 2003년에 조직되었다. 연해주에서는 2018년에 단체가 결성되었으며, 한인 청년들이 우수리스크 소재 한민족문화센터 사업에 적극적으로 참여해 맹활약하였다. 모스크바 한인 청년운동단체 MDKM은 2017년 4월에 결성되었다.

오늘날의 삶은 한인 젊은이들로 하여금 다양한 그룹과 단체로의 가입을 통해 단결시키는 도전적 과제를 주며 그 전제조건을 제시한다. 이러한 단결은 개인, 그룹, 커뮤니티 단계에서 참가자들의 공동체 의식과 사회문화적 가치에 대한 공통적 개념 및 공동의 책임의식을 형성하는 결속 요인으로 작용한다.

청년 운동은 사회적 이니셔티브 성격을 띠며, 젊은 지도자나 관심 있는 사람들로 구성된 집단이 앞장 서서 주도한다. 그리고 개인적, 사회적, 문화적 외 기타 사회적으로 중요한 목표를 달성하기 위한 젊은 남녀의 집단적인 활동이 그들을 통합에 이르게 한다. 예를 들어, 하바롭스크에서는 해마다 한민족문화페스티벌이 개최된다. 극동·시베리아 한인연합회, 하바롭스크주 문화성, 러시아 국회가 공동으로 페스티벌을 주최 및 후원한다. 페스티벌 개최 목적은 러시아 극동지역에 거주하는 한인들 간의 유대를 강화시키는 데 있다. 매년 참가자와 관객을 포함해 수천 명이 운집한다. 게다가 이들이 전부 도시와 변강 지역에 거주하는 한인 디아스포라 성원들로 구성되어 있는 것이 아니다. 오직 축제를 즐기기 위해, 하바롭스크에서 활동하고 있는 모든 민족문화단체 대표자들이 함께 하는 것이다. 초청된 게스트들 가운데에는 극동연방 관구 전권대표기구 대표자들을 포함해, 하바롭스크주 지방자치단체, 하바롭스크시 행정청, 외교사절단, 대한민국과 조선인민민주주의 공화국에서 각각 초청된 이들이 포함되어 있다.

청년 단체에 가입해 조직의 활동에 참여하고자 하는 바램은 몇 가지 요인으로 설명된다.

첫째, 연령적 특성상 젊은이들은 이 광활하고 이질적인 세상에서 스스로를 발견하고, 자신만의 공간을 찾아, 자아를 밝히고 스스로의 위치를 확인하기를 희망한다. 시간의 관점에서 가능성을 열어 자신의 길을 선택한다. 학창 시절 자아정체성 확립 위기를 겪으면서 스스로를 이해할 필요성을 깨닫게 되고 자신의 독특함을 받아들이게 된다. 이런 경우에는 인종학적으로 증거를 필요로 하는 규범, 즉 내가 러시아인인지, 한국인인지에 대한 가치의 계층 구조를 결정한 후, 문제를 다른 방식으로 해결하게 된다.

로보틱스 개발센터장을 역임하고 있는 문 세르게이의 경력은 좋은 사례가 될 수 있다. 그는 1986년 파르티잔스크시에서 태어나 2003년 중학교를 졸업하였다. 그에 따르면, «저를 가장 힘들게 했던 것은 '정직'과 '품위'를 유지하며 살아 남는 것이었습니다. 우리 가족은 논밭과 들판에서 많은 일을 해야만 했습니다. 어떨 때는 하루에 12~14시간 정도 일하기도 했는데 주로 여름철에 그랬습니다. 우리 가족은 호흡이 잘 맞아 단합이 잘됐으므로 난관을 타개할 수 있었던 것 같습니다. 저는 일반학교를 다녔는데 졸업할 때 우등생에게 주는 은메달을 받았어요. 이 모든 것이, 힘든 시기에도 고귀한 인간적 가치를 잘 보존해 제자들인 저희에게 고스란히 물려주신 훌륭한 선생님들 덕분입니다 [2]».

문 세르게이는 2008년에는 극동국립기술대학교에서 «정보시스템과 테크놀로지» 전공으로 학위를 받았고, 2013년에는 극동연방대학교 심리교육학부에서 수학하였다. 판매영업 트레이너, 시스템 관리자, 러

---

[2] https://www.konkurent.ru/article/20485 7 ноября 2018 г.

시아 과학 아카데미 극동분과 산하 해양기술문제연구소 엔지니어, 극동국립대학교 무인잠수기구 및 시스템 실험실 책임연구원을 지냈으며, 2013년부터 G.I. 네벨스코이 제독 명명 국립해양대학교 해양로봇공학과 분과장을 맡고 있다. 문 세르게이는 2018년 9월 블라디보스토크에서 개최된 동방경제포럼(EEF)에서 러시아연방 대통령 블라디미르 푸틴에게 수중로봇에 대해 브리핑한 것으로 유명해졌다.

둘째, 자라나는 젊은 세대는 자신을 바쳐야 할지도 모르는 시범 집단과 사회적 교류 속에서, 사회적 활동성을 내보여야 할 엄청난 필요성을 경험하게 된다. 멀티미디어 다큐멘터리 프로젝트 "우즈베키스탄에서 잃은 것과 찾은 것 : 한국의 역사"의 저자인 김 빅토리야의 스토리는 그런 의미에서 흥미진진하다. 김 빅토리야는 김 스베틀라나와의 인터뷰에서 다음과 같이 말했다. «우리 가족은 크지 않지만 인터네셔널하지요. 할머니는 러시아인이시고, 엄마는 절반만 한국인이셔요. 집안에서 할아버지만 유일한 한국인이셨지요.» 빅토리야는 계속해서 «저는 항상, 우즈베키스탄 출신이고, 중앙아시아 사람이며, 러시아인과 한국인의 핏줄을 부분적으로 물려받은 한국인 김씨 성을 가진 사람이라고 자신을 설명해요. 저의 태생사는 저를 이루는 근간이죠. 해외에서 오랫동안 살았지만, 육체적으로든, 정신적으로든, 심적으로든 항상 제일 먼저 우즈베키스탄으로 돌아가요. 전 다음 세대에 제 성을 물려주고픈 커다란 바램을 갖고 있었는데, 다행히 제 남편은 멕시코인이에요. 멕시코 아이들은 아버지 어머니 모두로부터 성을 물려 받는다고 해요. 그래서 너무 기뻐요. 저의 김씨 성을 잃어버리지 않고 제 아이들에게 물려줄 수 있어서요»[3]라고 말했다.

---

3) http://gazeta.korean.net/history/7850ю По зову корейских корней 17.07.12 https://koryo-saram.ru/po-zovu-korejskih-kornej/

셋째, 연령적 특성은 젊은 남녀 세대로 하여금 청년센터를 찾게 하는 또 다른 요인과 관련이 있다. 이 세대는 바로 엄청난 감수성, 역동성, 독립성에 대한 잠재력을 지니고 있기 때문이다.

넷째, 젊은 세대에게 중요한 것은 자신만의 특별한 가치 세계를 구현하고, 분별력 있고 유의미한 여가를 찾아내며, 생각이 같은 사람들끼리 모여 창의적 포텐셜을 실현하고자 갈망한다는 점이다. 물론 전문가로서 성공하는 것이, 한인 사회단체에 속하는 것과 필수적 상관성이 있는 것은 아니다.

문 세르게이의 히스토리가 바로 그런 경우이다. 연해지역 로보틱스 개발센터장을 맡고 있던 문 세르게이는 전러시아 최우수 멘토링 실천대회(Best mentoring practices Competition)에 참가해 '교육 및 동아리 활동 분야 멘토링' 부문에서 최우수 수상자가 되었다. 전러시아 최우수 멘토링 실천대회는 제1회 전러시아 포럼 '2018 멘토링 대회("Mentor 2018") 행사의 일환으로, 2018년 2월 13일부터 15일까지 모스크바에서 개최되었다. 문 세르게이는 "로보틱스 개발센터의 사례를 기반으로 한 보충 기술교육에서의 교차 멘토링" 기술을 선보이고 우승을 거머쥐었다. 이전에 그는 «해야 할 이유가 충분해!» 대회에서 청년상을 수상한 바 있다.

다섯째, 젊은 세대는 거대 정보를 식별하고, 그에 쉽게 대처하며, 새로운 것에 개방적이고, 세상에 대한 혁신적인 견해에 동의하며, 사회활동과 여가 환경 영역에서 새로운 형태를 먼저 받아들이고, 긍정적인 것을 지지하거나 부정적 현상을 질책할 준비가 되어있는, 민감하고 수용적인 집단이다.

우즈베키스탄에서 태어난 양 드미트리 세르게예비치의 이야기도 주목해 볼만하다. 2008년 양 드미트리는 이탈리아에서 개최된 WASCO

대회에서 세계 챔피언이 되었다. 바로 그때쯤 그에게 극동지역에서 태권도의 저변을 확대시켜달라는 제안이 들어왔다. 첫해에는 블라디보스토크에서 운동선수들을 훈련시켰으며, 이듬해에는 나홋카로 옮겨가 훈련을 이어갔다.

양 드미트리는 자신의 조국을 두 곳이라 생각한다. 하나는 출생지에 따른 조국이고 다른 하나는 조상들의 국가인 조국이다. 그는 러시아어와 우즈벡어를 구사한다. 나홋카 지방자치기관과 극동연방대학교에서 근무하고 있다. 러시아 내무성 나홋카시부 지역사회협의회 성원으로도 활약 중에 있다.[4] 직업군상으로 스스로를 스포츠맨에 속한다고 소개한다. 양 드미트리는 태권도연맹 부회장과 러시아국제태권도연맹 연해주 지부까지 맡아 일하고 있다.[5] 태권도연맹 UTF – ITF Russia는 2016년 9월 설립되어 활동 중이다. 국제태권도연맹 나홋카 지부는 2009년부터 본격적으로 업무를 시작하였다. 애초에 양 드미트리 세르게예비치, 카르춈킨 로만 블라디미로비치, 최 게라심 겐나디예비치, 고로노크 빅토르 레오니도비치, 양 블라디미르 알렉산드로비치는 이 스포츠 종목에 무관심한 사람들이 아니었다. 아르헨티나에서 개최된 세계선수권대회에서 트레이너 양 드미트리는 러시아 역사상 최초로, 러시아에서 태권도를 인기 스포츠로 발전시키면서 스포츠 대중화에 이바지한 공을 인정받아 공로 훈장을 수상하였다. 참고로 이 국제 훈장은 3년에 1번씩

4) В Находке Приморского края полицейский и чемпион мира по тхэквондо провели зарядку для школьников. МИНИСТЕРСТВО ВНУТРЕННИХ ДЕЛ РОССИЙСКОЙ ФЕДЕРАЦИИ 17 мая 2018 Об этом сообщает Рамблер. Далее: https://sport.rambler.ru/other/39868846/?utm_content=rsport&utm_medium=read_more&utm_source=copylinkhttps://xn--80aalymh2c.25.xn--b1aew.xn--p1ai/omvd/obshestv-sovet/soviet-sostav
5) https://utf-taekwondo.ru

수여하는 상이다.[6] 양 드미트리와 그 외 연맹 코치들의 지도하에 훈련을 받은 선수단은 세계선수권대회에 벌써 5차례나 출전하였다. 국제태권도연맹의 변함없는 노력 덕분에 태권도는 오늘날 나홋카에서 가장 대중화된 스포츠 종목으로 자리 매김 하였다. 연맹 산하 분과에는 오늘날 700명이 넘는 사람들이 태권도를 배우고 있다. 특히, 이 스포츠 종목에의 첫발을, 유치원 학령기에 내딛는 아이들이 많다고 한다. 게다가 2020년 모스크바에서 개최될 예정인 차기 세계 태권도선수권대회를 조직하는 영예로운 임무가 나홋카 대표들에게 주어졌다고 양 드미트리가 귀띔해 주었다.

오늘날 청년 조직에는 이미 정해져 있거나 암묵적으로 지목된 지도자가 활동 중이다. 이 리더들은 바로 청년 단체 회원들의 다양한 의견을 모으고 수렴하는 역할을 하는 사람들이다. 그들의 의견은 소속 성원들에게 중요한 의미를 지닌다. 구성원들이 의사를 결정하고, 우선 순위에 있는 업무 방향을 선택하며, 기능적인 조직화를 진행하는 데 영향을 미친다. 또한 조직 구성원들의 행동에도 영향을 미친다. 리더들의 개인적 자질이 조직 내에서 상당히 신속하게 퍼져나가면서 보편적 권위를 유지하게 된다.

청년 조직은 공공의 청년 운동 사업을 실현하는 규제 기구이다. 청년 조직은 같은 생각을 가진 사람들로 구성된 안정적인 집단으로, 형식적인 관계를 즉각적인 개인적 접촉을 통해 바꿈으로써 비형식적으로 해소시킬 수 있는 장점을 갖고 있다.

청년 조직 참여에 있어 가장 중요한 요소는 바로, 청년 조직에서 실

---

[6] Находкинцы станут организаторами Чемпионата мира по тхэквондо ИТФ в России 16 августа 2018 http://www.duma-nakhodka.ru/news/item/?sid=2912

제 구현되고 있는 업무 형태를 구체적으로 실습해 볼 수 있다는 데 있다. 내부 행사의 구현을 목표로 한 실습은, 조직의 기존 구성원을 활동으로 유도하도록 고안되었다. 행사는 그 내용상, 열성성원 회의와 대회처럼 조직적인 성격일 수도 있고, 컨퍼런스와 다양한 종류의 교육 강좌 및 프로그램처럼 교육적 성격을 띨 수도 있으며, 활동가를 위한 여름학교와 엔터테인먼트 이벤트처럼 여가를 위한 것일 수 있다. 예컨대, 문 세르게이가 참가해 '교육 및 동아리 활동 분야 멘토링' 부문에서 최우수 수상자를 거머쥔, 2018년 2월 모스크바에서 열린 전러시아 최우수멘토링실천대회는 전러시아 포럼 '2018 멘토링 대회' 행사의 일환으로 개최된 콩쿠르였다. 문 세르게이는 "로보틱스 개발센터의 사례를 기반으로 한 보충 기술교육에서의 교차 멘토링" 기술에 대해 실습한 것을 시연해 보이고 우승을 차지하게 된 것이다. "로보틱스 개발센터의 '학습 및 멘토링 시스템'이 국내 최고로 인정받는 순간이었다. 센터에 소속된 모든 관계자에게 우승 축하 인사 말씀을 전한다. 대회에 출전한 팀이 1600개가 넘었지만, 대회 조직위 및 전문가들이 우리가 기획한 사업을 더 높이 평가해 준 덕분이다."라고 자신의 러시아 사회 관계망 서비스 '프콘탁테'에 글을 남겼다.

외부적 활동 형태는 일반 대중의 관심을 청년 단체에 집중시키는 데 중점을 둔다. 이는 다양한 형태로 나뉜다. 특정한 사회 현상을 지지하거나 반대하는 가두시위, 시위행진, 조직활동에 대한 정보 출판물 및 전단지와 같은 범 시민적 활동일 수도 있고, 정치적 색채를 띤 거리 군중 집회 같은 정치적 활동일 수도 있으며, 도시의 야외 무대에서 열리는 콘서트, 사회기관이나 유소년센터 등에서 개최하는 자선 행사 같은 여가와 관련된 활동일 수도 있다.

청년 센터 사업 형태를 선정하는 것은 일련의 다양한 요소에 의해 결정된다. 청년 조직이 보유하고 있는 조직 원천 기반의 특성과 짜임새가, 실습 가능한 규모를 설정하고, 구체적인 주제와 과제를 결정하게끔 도와준다. 이것 이상으로 중요한 것이 하나 더 있는데 바로, 시와 구 등 정착지 관할 행정당국 관련 기관으로부터 물질적 지원을 받는 것이 있느냐 없느냐이다.

제2장

연해주 한인 청년

러시아 연해주 고려인 연합회(AKORP)는 2008년 3월 17일 발족되었다. 연해주 고려인 연합회는 블라디보스토크, 우수리스크, 나홋카, 파르티잔스크, 볼쇼이 카멘, 스파스크달니, 아르세니예프에서 결성된 고려인 사회 단체들을 통합하였다. 연해주 고려인 연합회(AKORP) 회장은 박 발렌틴이 맡고 있다.

러시아 연해주 고려인 연합회의 적극적인 참여로 사회 생활에 중요한 다수의 인문, 교양, 문화, 스포츠 프로그램들을 매우 효과적으로 운영되고 있다. 그 중 러시아와 북한이 공동으로 개최하는 청년창작 페스티벌의 경우, 연해지역 학생들이 매년 여름방학을 북한 원산에 위치한 송도원 여름캠프에서 생활하는 프로그램이다. 2016년 2월 러시아 연해주 고려인 연합회는 연해주 행정청, 루스키미르 재단 지부와 함께 북한에서 온 학생사절단을 블라디보스토크로 맞아들였다. 이로써 블라디보스토크는, 북한 소재 평양외국어대학에서 개최한 제1회 전(全)공화국 러시아어올림피아드 우승자들이 방문한 러시아 최초의 도시가 되었다.

러시아어올림피아드는 러시아와 북한 간의 인문학적 협력 관계에 중요한 행사가 되었으며, '러시아와 북한 우호의 해'를 화려하게 장식하였다. 북한 주재 러시아 대사 A. 마쩨고라는 이와 같이 뜻 깊은 행사를 조직하고, 북한에서 참석한 학생사절단에 교통비를 지원해준 데 대해 AKORP 회장에게 감사의 인사를 전하였다.

제1회 전조선민주주의인민공화국 러시아어 올림피아드 우승자들이 블라디보스토크 공항에서 찍은 사진.

북한 학생들이 블라디보스토크에서 찍은 사진. https://primamedia.ru/news/579213/?from=37

우수리스크와 연해주 고려인 민족문화자치회는 지난 몇 년간 청년 세대를 지원하고 있다.[1] 2008년부터 김 발레리야 인노켄티예브나가 이끄는 난타 공연단이 자치회 산하에서 활동 중이다. 연주 목록에는 현대곡 뿐 아니라 한국 전통 민요도 포함되어 있다. 난타 공연단은 제1회 연해지역민축제 "예딘노예 프리모리예"(2011년) 참가, 국제민속 페스티벌 "보스토치느예 레타"(2012년) 참가, 우수리스크 연례행사인 국립예술축제 "호로보드 드루즈브이"(2009년-2016년) 참가, 블라디보스토크에서 개최된 극동지역 경연대회 "므이 브메스테"에서 그랑프리 수상 (2015년), 2015년 모스크바시에서 개최된 "가스프롬 새로운 인재 발굴 경연대회 – 2014"에서 3등을 수상하는 등 다양한 경연대회와 페스티벌에 참여해 꾸준히 활동 중이다.[2] 난타 공연단 «화랑»은 2018년 4월 톰스크에서 개최된 페스티벌 «노브이예 이메나»에 참가해 «민속»부문에서 1등을 차지하였다. 17세의 조 글렙은 난타 공연단 «화랑»의 솔리스트 북잡이로 다음과 같이 말한다. «자신에게 진정으로 마음에 와 닿는 일을 찾기란 쉽지 않아요. 그런 의미에서 저는 운이 좋은 편이죠. 그것을 발견했기 때문이에요. 저는 저의 연주 실력을 향상시키기 위해 끊임없이 노력합니다. 청중들이 저의 북소리를 들으면서 전율을 느끼고, 연주가 끝난 후 아낌 없는 박수를 보내면서, 열렬하게 '브라보'를 외칠 정도로 하고 싶어요. 그렇게 해야지만 저의 모든 노력이 헛되지 않고, 스스로에게뿐 아니라 주변 분들에도 기쁨을 가져

---

1) http://www.primorkkc.ru/
2) http://www.primorkkc.ru/ru/%D0%A2%D0%B2%D0%BE%D1%80%D1%87%D0%B5%D1%81%D0%BA%D0%B8%D0%B5%20%D0%BA%D0%BE%D0%BB%D0%BB%D0%B5%D0%BA%D1%82%D0%B8%D0%B2%D1%8B/%D0%90%D0%BD%D1%81%D0%B0%D0%BC%D0%B1%D0%BB%D1%8C%20%D0%B1%D0%B0%D1%80%D0%B0%D0%B1%D0%B0%D0%BD%D1%89%D0%B8%D0%BA%D0%BE%D0%B2.html

다 주는 것 같기 때문이에요».[3]

앙상블 '아리랑'은 1995년부터 연해주와 대한민국뿐 아니라 그 외
여러 나라 무대에서도 공연을 하였다.

고려인 문화센터 내에는 청년 센터 '포콜레니예'가 있다. 포콜레니
예는 회원들의 적극적인 자원 봉사 덕분에 활발하게 운영되고 있다. 연
해주 고려인 민족문화 자치회 회장 김 니콜라이는 2012년 뛰어난 성과
와 적극적인 활동을 펼친 회원에게 매월 2,000루블의 장학금을 수여하
는 제도를 만들었다. '아리랑' 무용단원, 난타 공연단원, '고려' 단원, 청
년 센터 회원, 국제태권도연맹 연해지부 소속원들 가운데 학생들의 경
우 위 장학금을 받고 있다.

---

3) ЛАУРЕАТОМ 1-Й СТЕПЕНИ СТАЛ АНСАМБЛЬ БАРАБАНЩИКОВ
«ХВАРАН» http://primorkkc.ru/ru/%D0%BD%D0%BE%D0%B2%D0%BE
%D1%81%D1%82%D0%B8/laurieatom_1_i_stiepieni_stal_ansambl_barab
anshchikov_khvaran.html

알리사 소로크바시니나는 21세로, 극동연방대학교에 재학중인 여대생이다. 그녀의 전공은 《기초 및 응용 언어학》이다. 하지만 알리사에게는 이미 연해변강예술대학 현악-기악과에서 바이올린을 전공하고 받은 졸업장이 있다. 알리사의 할머니 박 지나이다 니콜라예브나의 할아버지인, 고조할아버지께서 바이올린 연주가로 활동하셨다고 한다. 할아버지는 로마노프 왕조 300주년 기념 연회에 초청을 받아, 황제 앞에서 바이올린을 연주한 적도 있다고 한다.[4]

4) АЛИСА СОРОКВАШИНА: «ВЫБРАТЬ СКРИПКУ ПОМОГ МНЕ МОЙ ПРЕДОК». http://primorkkc.ru/ru/%D0%BD%D0%BE%D0%B2%D0%BE %D1%81%D1%82%D0%B8/alisa_sorokvashina_vybrat_skripku_pomogh_ mnie_moi_priedok.html

제3장
하바롭스크주 한인 청년

하바롭스크주에는 2004년 12월부터 극동·시베리아지역 고려인 연합회(AKODVS)가 활동 중에 있다. 극동·시베리아지역 고려인 연합회는 하바롭스크주 국제민족문화협회와 하바롭스크 변강 민회에 단체 회원으로 소속되어 있다.

2006년 12월부터 백구선(백 블라디미르 니콜라예비치)이 극동·시베리아지역 고려인 연합회 회장직을 수행하고 있다. 러시아 극동지역과 한반도 국가들 간의 우호 증진에 기여한 업적으로 대한민국으로부터 대통령상을 수상하였으며, 조선민주주의인민공화국으로부터 공화국 3급 훈장을 수여한 바 있다.

하바롭스크 변강지역 사회단체 "고려인 청년문화센터 '고려'(KHKOO KNMKTCH 'KORYO')"는 2003년 2월 20일 기관 등록을 마쳤으며 (https://vk.com/korekhv), 2007년 7월 7일부터 러시아 사회 관계망 서비스 '프콘탁테'에 관련 정보를 게재하기 시작하였다 (http://vk.com/korekhv).

고려인 청년문화센터 '고려'는 현재 박 율리야 스타니슬라보브나가 회장직을 맡고 있으며, 김병기, 백 올가 쿠세노브나, 최 세르게이 레오니도비치, 텐 예브게니 영구노비치, 김 알렉산드르 세르게예비치가 창립 초기 멤버들이다.

'고려'센터는 하바롭스크 변강지역 고려인 청년들의 단합과 협력을 목적으로 문을 열었다. 그렇다고 창립 초기 멤버들이 처음부터 러시아 한인의 자긍심을 높이고, 많고 다양한 문제들을 해결할 수 있는 보편적인 방법 탐색을 과제로 설정해 놓지 않았다. 하지만 '고려'센터의 활동은 한국의 문화와 역사에 대한 보다 깊은 이해와 고려인 청년들간의 접촉과 상호 작용을 돕는 데 기여하고 있다. '고려'센터는 공공단체로 상업적 이익을 추구하지 않는다.

고려인 청년문화센터 '고려'가 활동했던 지난 시간 동안 많은 다양한 행사가 조직되었다. 그 중 몇몇 행사는 이미 전통적인 것이 되었는데, 민족 명절인 추석 행사가 좋은 사례라 하겠다. 오늘날 한국 청년 문화의 추세나 동향에 대해 정기적으로 세미나를 개최한다. 청년센터 '고려'의 회원들은 한국 영화, 케이팝, 패션계의 변화적 추이를 면밀히 관찰하며, 노래자랑 대회도 개최한다.

'고려'센터는 하바롭스크 변강지역 소재의 다른 민족문화센터들과도 긴밀한 협력을 도모한다. 따라서 타타르인, 아르메니아인, 우크라이나인, 유태인들의 축제 현장에서 고려인을 만나게 되는 것은 그리 놀랄만한 일이 아니다. 《미스 사반투이》 대회에서 고려인 여성들이 전통적으로 수상하는 상이 바로 《인기상》인 것을 보면 잘 알 수 있다.

교육 기관에 기반을 둔 한국어 학습 여건이 하바롭스크에도 조성되었다. 제4번, 8번 고등학교와 제77번 학교에서 연방이 정한 기준에 따라 한국어를 배울 수 있게 되었다. 해당 학교 졸업생들은 [한국의 수능

시험과 같은] 러시아의 통합국가시험에서 한국어를 제2외국어로 선택해 응시할 수 있다.

태평양국립대학교(PNU)는 러시아 극동 지역과, 문화 간 의사소통 과정에서 사용되며 배우게 되는 해당 언어 국가의 단체와 거주민들의 관심을 반영하는 교육 및 문화 활동의 중심지 역할을 한다. 러시아, 대한민국, 조선민주주의인민공화국이 상급교육기관에 대한 지원을 제공한다. 2018년 11월 30일 태평양국립대학교 사범대학에서 제21회 한국어 올림피아드 지역 대회가 개최되었다. 행사의 조직, 주최 및 후원자로 하바롭스크 고려인 문화계몽센터, 아시아나 항공사, 극동·시베리아 한인연합회, 태평양국립대학교 동방학-역사학 학부, 동양어학과 한국어강사협회가 나섰다.

고려인 청년문화센터 '고려'의 사업에 태평양국립대학교 사범대학 재학생들이 대거 참여하며, 특히 동방학-역사학 학부 학생들의 활동이 눈에 띤다. 현재 고려인 청년문화센터 '고려'를 이끌고 있는 박 율리야 스타니슬라보브나 역시 태평양국립대학교 사범대학 졸업생 출신이다. 청년문화센터 '고려'의 열성 회원들 중 한 명이자, "미스 국가 자산" 변강지역 대회 참가자이며 "미스 그레이스" 대회 수상자인 김 타티야나는 태평양국립대학교 학생의 날 기념 콩쿠르 "타티야닌 젠"에서 우승을 거머쥐었다.

하바롭스크 변강지역 사회 단체인 《고려인 청년문화센터 '고려'》는 하바롭스크시 행정청이 지원하는 《2014년부터 2020년까지 하바롭스크시 산하 기관 개발 협력 및 시민 단체 이니셔티브 프로그램》의 일환으로 진행되는 프로젝트 "젊은 기술자"를 실현시켰다. 본 프로젝트의 진행 과정은 하바롭스크 변강지역 사회단체 "고려인 청년문화센터 '고려'(KHKOO KNMKTCH 'KORYO')"의 공식 사이트와 사회 관계망 서비스 '프콘탁테(http://vk.com/korekhv)', 그밖에 인터넷 사이트, 교육 및 뉴스 포탈에서 접할 수 있다.

2018년 고려인 청년센터 '고려'는 자신들의 프로젝트를 구현하기 위한 보조금을 받았다. 8월에 개최된 국제 한국문화페스티벌과 국제문화센터 '아리랑'의 개회식 행사에서 프로젝트를 구현하였다. 2018년 9월 30일에는 학술 계몽 프로젝트 '고려. 대중강연' 사업에 착수하였다. 이 프로젝트는 하바롭스크 주민과 방문객들을 대상으로 한국의 역사, 문화, 전통, 풍습에 대한 대중화를 목표로 하고 있다.

2005년부터 하바롭스크 변강 정부, 하바롭스크시 행정청, 하바롭스크 변강 민회, 변강 과학교육 문화창의 연합회, 국제 휴먼 클럽, 대한민국 대전시, 고려인 청년문화센터 '고려', 하바롭스크 변강 청년 민회의 지원을 받아 해마다 국제 한국문화 페스티벌이 개최된다. 페스티벌에 참가하면 다양한 민족 구성원들은 그곳에서 한국 문화와 접할 기회를 갖게 되며, 젊은이들은 관심이 증폭된다. 젊은 세대 고려인 대부분이 한국에 대해 잘 모를 뿐 아니라 한국어도 할 줄 모르는 것이 사실이다. 하지만 2천여 명의 하바롭스크 주민들이 매년 국제 한국문화 페스티벌을 찾는다. 한국문화 페스티벌은 가족 축제이며, 민족 간의 친선 페스티벌이다. 페스티벌에 참가하는 이들은 고려인 그룹뿐이 아니다. 그곳에서 러시아인들도, 아르메니아 댄스 그룹도 공연을 한다. "우리는 각기 다른 민족 구성원들 간에도 우정이 존재한다는 사실을 보여주고 싶다"고 고려인 청년문화센터 '고려'의 센터장을 맡고 있는 최 류드밀라는 이야기 한다.[1]

해마다 하바롭스크에서는 태평양국립대학교 사범대학을 중심으로

---

1) 14 августа 2016 Хабаровск http://www.dvnovosti.ru/khab/2016/08/14/54103/#ixzz4JqnVZKzH

잔치마당(한국어 올림피아드 지역간 대회)이 벌어진다. 잔치마당에서 대학생, 초중고교생, 한국어 강의 수강생은 미리 준비한 이야기를 시작하며 창작물(시낭송, 노래, 연극, 춤, 사물놀이 등)을 발표한다. 2018년 11월 30일 태평양국립대학교 사범대학에서 제21회 한국어 올림피아드 지역간 대회가 개최되었다.

결론

　러시아 극동지역에 많은 사회 단체가 발족되었으며, 현재 운영 중에 있다. 여기에는 한국인의 정체성을 보존하는 일종의 기관이 된 청년 단체도, 조선민주주의인민공화국과 대한민국 사이에서 연결 고리 역할을 하는 청년 단체도 포함되어 있다.

　러시아 극동지역 고려인 사회단체 형성의 특이점은, 역사적인 고향에 관한 집단적 관념과 신화가, 지역 재생뿐 아니라 정신력에도 영향을 미친다는 점이다.

　사회 문화적 변화의 역학에서 결코 뒤지지 않는 역할을 하는 것이 바로, 민족 그룹의 집단적 기억이다. 사회 내 변화의 조건이나 기능이 민족 공동체의 정체성 형성에 영향을 미치기 때문이다. 과거에 대한 집단적 기억은 오늘날 민족 공동체의 집단적 의식 구조 속에 존재하며, 여기에 다양한 사회집단에 속한 소수민족집단 구성원도 포함된다. 과거에 대한 집단적 기억은 전달적 기억과 문화적 기억이란 두 가지 유형을 지니고 있다. 문화적 기억은 동일성을 지원하는 기호 시스템에 의존하고, 공식적으로 승인된 공휴일과 기념일, 국가, 국가상징물 같은 제도적 형태로 공고해지므로 공식적인 전통을 필요로 한다.

청년 조직 내에서의 사업은 참가자들에게 직접적인 영향을 미친다는 사실을 강조할 필요가 있다. 이러한 영향은 보통 긍정적인 색채를 띠고 있는 것 같아 보이지만, 부정적 요소를 내포할 수도 있다는 점을 망각해서는 안 된다. 긍정적인 구성 요소에는 다음과 같은 내용이 포함되어 있어야 한다: 청년 조직 내 관계는 현존하는 사회적 규범을 준수하도록 가르치고, 사람이 동화되는 가치 있는 목표를 설정하며, 삶에 도덕적 토대를 확립하는데 기여하도록 해야 한다.

인간은 그룹 내에서 자신의 커뮤니케이션 능력과 기술을 연마한다. 그룹은 참여자에게 스스로에 대한 확신을 주며, 심리적 진전과 안정감에 필요한 많은 긍정적 에너지를 가져다 주고, 상호 연결성을 느낄 수 있게 돕는다. 그 밖에도 해당 사회적 공동체에 소속되어 있으며, 공동체로부터 지지를 받고 있다는 사실을 느끼게 한다.

청년 조직 사업에 참여하는 젊은 남녀는 쌍방향 참가 지역에 위치하게 된다. 자신을 제대로 받아들이고 평가할 수 있는 매우 객관적인 정보를 함께 하는 동료들로부터 얻게 된다. 그들이 참가한 실습 상황에서, 특정 목적을 가진 행위의 그룹을 구성해 진행하는 작업 과정에 노력이 배가 되는 효과가 발생하며, 이는 청년들의 의식에 건설적 영향을 미치게 된다고 확신하게 된다. 예컨대, 하바롭스크 변강 러시아 한인 청년들은 매우 두드러진 민족 정체성을 지니고 있으며, 이는 다양한 활동이나 소통에의 참여 과정에 반영된다. 그 결과, 역사적 고향이라는 매개로 자연스럽게 연결되어 있다는 믿음에 근거한 《상상 커뮤니티》가 탄생하게 된다. 하지만 연해 변강 고려인 청년들의 경우 아직까지 외부의 도움 없이 민족 정체성에 익숙해질 기회가 없다.

민족 정체성 형성에 영향을 미치는 요소들로 민족 바운더리, 사회문화적 거리, 민족적 지위, 정서적 유사성, 문화적 차이, 민족적 태도, 사회정치적 영역 내 세계적 변화상 및 그와 관련된 민족 간 관계 변화, 민족 환경의 동질성 혹은 이질성, 문화적 여건의 특이성을 들 수 있다. 민족 간 관계에 있어 가장 최선의 전략은 민족 정체성과 국민 정체성 하나로 통합된 전략이다.

민족 공동체의 사회적 문화적 통합 문제는 민족 및 문화 동일화 과정과 직접적으로 연관되어 있다. 따라서 오늘날 다민족 환경 내에서 민족 공동체의 자기 동일화 과정을 연구할 필요가 있다. 한민족 공동체는 스스로를 한국인이라 여기는 근본적 이해와 공유하고 있는 생각이 통일된 균질한 집단에 속한다. 달리 말해, 한민족 공동체는 공통적인 민족 정체성을 지닌 이들의 집단이라 할 수 있다. 한민족 공동체는 출신 지역, 체류 목적과 같은 매우 뚜렷한 기준에 따라 다양한 그룹으로 나뉜다. 하지만 젊은이들 사이에서는 이와 같은 기준이 중요하게 받아들여지지 않는다.

지난 20년동안 자신의 역사적 고향, 문화, 언어에 대한 고려인들의 관심이 어느 정도 증가하였다. 러시아의 다수 지역에 한인문화센터가 건립되었으며, 한국사, 한국문화, 한국어 강좌가 개설되었다. 청소년들은 스스로를 다문화 국가인 러시아의 일부로 인식하고, 자신을 역사적 고향과 대한민국 사람들과 동일시 여기지 않은 채, 한국어와 한국 문화를 배우고 있다.

한인 공통체의 정체성에 대해 말하자면, 평형적 정체성의 틀 안에서 국민 정체성, 직업 정체성, 영토 정체성 등이 있는 바로 그 자리에 민족 정체성도 위치한다고 할 수 있다. 한민족 공통체의 특징 중 하나로 민족 집단 구성원들의 강한 문화적 정체성을 들 수 있다. 이러한 경우, 접촉점을 찾는 역동적인 과정의 유무와, 기존의 정체성에 기반한 공통된 정체성의 구성에 대해 이야기 해 볼 수 있다. 이주한 민족 집단 성원들은 유사한 정체성 틀을 갖추고 있으며, 몇 가지 기본적 민족 정체성 등급에 의해 구분된다.

민족 간 상호작용에 있어 고려인들은 긍정적인 민족간 태도와 교류에 대한 의지를 내보인다. 이는 주로 민족적 경계를 뛰어 넘어 구현되는데, 사회적 거리감을 줄이고 한인 디아스포라와 주변 다민족 환경 사이의 경계를 완화시킨다. 오늘날 균형을 이루는 세대가 교체되고, 정치적 차별로 인해 겪은 기억은 지워지고 있다. 러시아 한인이 지닐 만한 대립 요소가 없으므로, 이는 지역의 사회-정치 체제로의 통합 추세로 이어지게 된다.

이 모든 것을 감안할 때 극동의 고려인 청년들은 혁신적인 가치, 민주적인 제도, 소비자적인 이미지에 중점을 두고 있는 것으로 관측된다. 사회적 실천 행위에서도 다른 민족 대표자들과의 민족 간 상호 작용과 공동 작업에 대해 긍정적인 태도가 눈에 띤다.

연해주 고려인 청년 단체 "미래(MIRAE)"

연해주 고려인 청년 단체 "미래(MIRAE)"는 2018년 10월 27일 창립되었다. 회장은 민 빅토르 드미트리예비치가 맡고 있다.

그의 메일 주소는 minnp@mail.ru.이다.

연해주 고려인 청년 포럼은 우수리스크, 아르툠, 나홋카, 파르티잔스크, 볼쇼이 카멘 민족문화자치기구 및 연해주 비지니스 클럽 '원동'의 지원으로 2018년 10월 27일 블라디보스토크에서 개최되었다.

아르툠 고려인 민족문화자치기구 의장 김 타티야나 니콜라예브나, 니홋가 고려인 민족문화자치기구 의장 허가이 게오르기 알렉세예비치, 볼쇼이 카멘 고려인 민족문화자치기구 의장 김 로라 니콜라예브나, 블라디보스토크 고려인 민족문화자치기구 의장 모로스 라이사 니콜라예

블라디보스토크, 나홋카, 아르툠, 우수리스크, 볼쇼이 카멘, 파르티잔스크에서 파견된 사절단이 포럼에 참가하였다.

브나, 파르티잔스크 고려인 민족문화자치기구 의장 한 블라디미르 블라디미로비치, 연해주 비지니스 클럽 '원동' 대표 안 니키타가 본 포럼의 조직자로 나섰다.

포럼의 토론장에서 고려인 청년 단체의 목표, 과제와 계획 및 고려인 청년 단체 규약 초안이 논의되었으며, 청년 운동의 주요 활동 영역이 특정되었으며, 고려인 청년 단체의 향후 프로젝트도 거론되었다. 업무 진행 과정 중에 연해주 고려인 청년 연합회 "미래"를 창설하자는 결정이 받아들여졌다. 각 도시 별로 코디네이터가 선정되었으며, 그들 가운데 민 빅토르 드미트리예비치가 회장으로 선출되었다.

레크리에이션 센터 "코메타"에서 제1회 연해주 고려인 청년 포럼이 개최되었다.

◎ 민 빅토르 드미트리예비치(Мин Виктор Дмитриевич)

러시아 연방 공화국 헌법의 날 행사에서 연해주 고려인 연합회 대표들과 연해주지사 임시직무대행 올렉 코제먀코와의 만남이 성사되었다. 아르툠시 소재 민족문화센터가 있는 호텔 «라이텍스»의 새해맞이 장식으로 단장된 퍼레이드 홀에 저명한 학자, 사업가, 의사, 운동선수, 예술인 등 연해주 고려인 디아스포라가 총출동하였다. 그들은 블라디보스토크, 아르툠, 우수리스크, 나홋카, 볼쇼이 카멘, 파르티잔스크, 시코톱스크지구 등 연해주 전역으로부터 모여들었다.

나홋카 고려인 청년 연합 '미래'의 대표 김 발레리야. 고려인 청년 연합 '미래'의 대표 민 빅토르, 올렉 코제먀코 연해주지사, 연해주 고려인 청년 연합회 박 발렌틴 회장.

올렉 코제먀코, 국제태권도연맹 소속 태권도 선수들, 러시아, 유럽, 아시아, 세계 챔피언들과 함께: (왼쪽부터) 김 세르게이, 양 드미트리, 김 알렉세이, 김 크리스티나. 사진: 아. 마슬랸코 https://konkurent.ru/article/20910

나홋카 및 블라디보스토크 고려인 디아스포라 대표들과 담소를 나누고 있는 올렉 코제먀코. (왼쪽부터) 나홋카 고려인 청년 연합 '미래' 대표 김 발레리야, 나홋카시 민족문화자치기구 부의장 허가이 게오르기, 극동연방대학교 한국어학과 부교수 동 티나, 기업인 이 스텔라씨

*사진출처: 라리사 레코바, 사진 – 알렉산드라마슬랸코. 2018년12월 19일자 '졸로토이 로크' 신문. 블라디보스토크시. (https://akorp.org/korejskaya-diaspora-primorya-vmeste-s-olegom-kozhemyako-za-vozrozhdenie-kraya-foto/ http://zrpress.ru/politics/primorje_19.12.2018_92459_korejskaja-diaspora-primorja-vmeste-s-olegom-kozhemjako—za-vozrozhdenie-kraja.html)

◎ 문 세르게이(Мун Сергей)

블라디보스토크 출신 문 세르게이는 러시아에서 교육 분야 최고의 멘토가 되었다. 2018년 2월 15일 대회장에서 로보틱스 개발센터장인 그는 우승을 차지하고 상금 300,000루블을 받았다.

연해지역 로보틱스 개발센터장을 맡고 있는 문 세르게이는 전러시아 최우수 멘토링 대회 '교육 및 동아리 활동 분야 멘토링' 부문에서 최우수 수상자가 되었다. 대회에서 우승을 차지하면서 300,000루블을 상금으로 받았다. 전 러시아 최우수 멘토링 실천대회는 제1회 전 러시아 포럼 '2018 멘토링 대회("Mentor 2018")' 행사의 일환으로, 2018년 2월 13일부터 15일까지 모스크바에서 개최되었다고 뉴스 통신사 프리마 미디어가 전하였다.

전 러시아 포럼에 참가 신청을 한 사람이 10,000명을 넘었다. 최우수 멘토링 실천대회에 출전해 시연한 팀이 1,600개 가량되며 "생산 분야 멘토링", "사업 및 기업 분야 멘토링", "사회 영역 멘토링", "아이들이 아이들을 가르쳐요", "교육 및 동아리 활동 분야 멘토링"과 같은 부문에 노미네이트 되었다. 이 가운데 문 세르게이는 "로보틱스 개발센터의 사례를 기반으로 한 보충 기술교육에서의 교차 멘토링" 기술을 선보이고 우승을 거머쥐었다.

문 세르게이는 자신의 러시아 사회 관계망 서비스 '프콘탁테'를 통해, 연해지역 로보틱스 개발센터에 소속된 모든 관계자에게 축하 인사를 전하고, 전 러시아 포럼 '2018 멘토링 대회' 조직위 및 전문가들에게 감사 인사를 전하였다.

로보틱스 개발센터장 문 세르게이와 DNS사 대표이사 드미트리 알렉세예프.
*사진출처: https://vk.com/id11567689

"로보틱스 개발센터의 학습 및 멘토링 시스템은 국내 최고의 수준을 인정 받았다. 우리 센터의 모든 직원에게 우승 축하 인사를 전한다. 1,600명이 넘는 팀이 대회에 참가하였지만, 우리의 사업을 더 높이 평가 해 준 주최측과 전문가들에게 감사한다."라고 문 세르게이는 자신이 감회를 나타내었다.

전 러시아 포럼에 함께 참여한 DNS사 대표이사 드미트리 알렉세예프는 로보틱스 개발센터의 공동창립자이다.

로보틱스 개발센터에서는 공학적 창의력 분야, 전자공학 분야, 프로그래밍 분야, 기계학 분야 등 몇 가지 영역에 우선 순위를 부여하고 있다. 특히, 수중 로봇 개발 및 운행에 많은 관심이 기울입니다. 센터에는 누구나 동참해 교육을 받을 수 있으나 대부분의 학습 프로그램이 6~18세 아동에 맞춰져 있다. 로보틱스 개발센터에는 공학자들의 지도하에 프

문 세르게이가 블라디미르 푸틴 대통령과 시진핑 주석에게 로보틱스 개발센터 및 수중 로봇 설계자들에 대해 설명하고 있다. 사진 – 2018년 9월 dvfu.ru.

로젝트 사업을 진행하고 있는 대학생들도 있다.

연해지역 로보틱스 개발센터 대표들은 러시아에서뿐 아니라 전 세계에 걸쳐 로봇 기술 분야에서 최고의 자리를 차지하고 있다. 지난해 가을 코스타리카에서 개최된 세계 로봇 올림피아드(World Robotics Olympiad)에 블라디보스토크 출신 청년들이 참가해 모든 도시를 거치면서 메달 획들을 위해 경쟁하였다. 챔피언들은 귀국 당시 금메달 2개와 은메달 1개를 집으로 가져왔다. 2017년 12월에 개최된 로보페스트-하바롭스크 대회에서는 연해지역 로보틱스 개발센터 소속 5개팀 모두가 1등을 차지하였다. 센터 직원들은 미래에 아이들이 공학 분야에서 직업을 선택할 수 있도록 하기 위하여 그들의 기술 창의력 개발에 힘쓰고 있다. 보다 상세한 정보는 https://primamedia.ru/news/669843/ 에서 찾아볼 수 있다.

물 속에서 보낸 10년. 문 세르게이 인터뷰 기사 (알렉산드르 S. 가가린, 2018년 9월 17일, 참고: http://edurobots.ru/2018/09/underwater/)

문 세르게이 http://old.vlc.ru/life_city/youth_policy/Est-za-chto/Mun.php

«해야 할 이유가 충분해!» 대회 과학 부문에서 수중로봇 특수설계국 수석 엔지니어인 문 세르게이에게 청년상을 수여하였다.

문 세르게이는 벌써 햇수로 6년째 수중 로봇기술 및 스포츠 프로그래밍팀을 훈련하는 데 공을 들이고 있다.

9월에는 극동연방대학교 수중 로봇기술 학생팀이 북극지방 동부지역 학술 연구 및 생산 탐사 활동을 마치고 복귀하였다. 안겔리나 보롭스카야, 로만 바바예프, 비탈리 네차예프, 블라디슬라프 볼로토프는 문 세르게이의 지도 하에 탐사선 «흘류스틴 교수»호를 타고 50일 가량을 항해 활동을 펼쳤다.

보다 상세한 정보는 http://primorye24.ru/news/exclusive/34754-sozdatel-luchshih-v-mire-podvodnyh-robotov-v-nashey-komande-ostayutsya-lish-samye-stoykie.html에서 찾아볼 수 있다.

◎ 엄 파벨(Эм Павел)[1]

지리학 박사, 네덜란드 암스테르담에서 한국 내 고려인의 지위와 글로벌화 과정에 대해 연구 중이다.

Q. 파벨, 우선 인터뷰에 응해 주셔서 감사 드려요. 전 당신의 이력과 다채로운 학력에 매우 깊은 인상을 받았어요. 왜 하필 지리학 쪽으로 전공을 선택하게 된 거죠?

---

1) 2018년 12월, 출처: 고려사람 (KOREUSARAM)

A. 저는 파르티잔스크시와 연해변강에서 학창시절을 보냈습니다. 11학년 때 변강에서 개최된 지리학 올림피아드에서 수상한 덕분에 졸업식에서 은메달을 받았지요. 이 수상 경력은 대학 입학 때 100점의 가산점을 줬어요. 전 어렸을 때부터 지리에 심취해 있었고, 학교 지리선생님은 상당히 좋은 분이셨어요. 이 모든 것이 제가 전공을 선택하는 데 영향을 미치게 된 것이 아닌가 생각해요. 자신의 전공과 관련된 일을 하는 사람이 수적으로 매우 적다는 사실을 저도 알아요. 그래서 무엇보다 저는 개인적인 흥미와 관심에 방점을 두었어요. 고등학교를 졸업한 후 학업을 계속하기 위해 블라디보스토크로 갔고, 붉은 졸업장을 받으며 극동국립대학교를 졸업했지요. 대학 재학 마지막 해에 한국의 도시에 대한 연구를 시작하게 되었는데, 운이 좋게도 극동연방대학 엘.이. 랴비니나 교수님을 만나게 되었어요. 교수님 지도 하에 쓴 논문들이 국립 모스크바 대학교에서 해마다 개최되는 로마노소프 학술 컨퍼런스에서 두 번이나 우수 논문으로 인정 받아 우수논문상을 수상하게 되었어요. 이와 같은 승리 덕분에 국립 모스크바대학 박사과정으로 가는 일종의 티켓을 손에 쥐게 되었어요. 생활비를 벌기 위해 낮에는 물류 회사에서 일을 하고 밤에는 논문을 썼습니다. 힘들었던 그 때의 기억은 결코 잊지 못할 거예요(하하). 박사과정 마지막 해에 서울로 가 몇 달간 자료를 찾고 돌아온 후 논문을 방어하였어요. 이미 박사과정생으로 있을 때 러시아 과학아카데미 산하 지리학 연구소로부터 제안 받은 전임 연구원으로 가기로 한 상태였기 때문에, 논문방어를 마치자마자 연구원 신분으로 상승시켜 주었죠. 이게 바로 제가 학술 분야로 입성하기 전 걸어온 길이랍니다.

Q. 그렇다면 하필 왜 한국을 선택하고 이 지역에 대해 일하게 거죠?

A. 한국, 그러니까 한국의 도시들이 제가 연구하는 주요 대상이죠. 제가 진행해야 하는 작업의 거의 모든 연구 대상이 한국에 관한 거예요, 물론 몇몇 작업은 모스크바 지역에 관한 것도 있지만 말이에요. 한국어는 학창 시절부터 배웠어요. 파르티잔스크에 고려인 협회가 있었어요. 물론 지금도 있지만. 협회에서는 어린이들을 위한 한국어 수업을 진행하는데 거기에서 읽고 쓰는 법을 배웠죠. 대학 재학 중에도 한국교육원에 개설된 한국어 강좌를 3년간 들었어요. 바로 이 기간에 제 한국어 실력이 일취월장했던 것 같아요. 우리 가족의 가장 큰 특징을 말씀 드리면, 항상 한국말로 대화를 한다는 점이에요. 저희 할머니들께선 저희랑 한국어로만 말씀하셨어요. 해서 엄청난 한국어 어휘를 알게 되었죠. 따라서 한국어 말하는 것은 완전하지 못해도 듣는 것은 우수한 편이에요. 요즘 한국어 공부를 다시 시작했는데요. 저의 학술적 커리어를 위해 상급 실력을 유지해야 하기 때문이에요.

Q. 아마도 당신이 어렸을 적부터 한국 땅과 한국 지리와 연관성이 있지 않았을까요?

A. 물론 이 방향과의 연관성이 있었다고 봐요. 하지만 무엇보다도 저는 제 관심사에 집중했어요. 어쩌면 저의 성장 배경과도 일정 정도 관련이 있다고 볼 수 있겠어요 저의 부모님께서는 타시켄트 외곽 도시에 위치한 콜호즈 '프라우다'에서 태어나셨어요. 어머니께서는 유치원장으로 일하셨고 아버지께서는 건축가로 일하셨어요. 1991년 파르티잔스크로 이주한 이후로는 오랜 기간 «고봉질»을 하셨어요. 때문에 친척들은 제가 학문의 길로 들어선 것

에 대해 놀라움을 금치 못하시죠. 부모님께선 제게 한번도 공부하라 강요하신 적이 없으세요. 제가 스스로 이 길을 택한 거죠. 대신 부모님께서 자주 하시던 말씀이 있어요. «출세하고 싶으면 배워야 한다»고요. 제가 기억하기로 저는 늘 우등생이었어요. 우리 가족은 6형제로 대가족이에요. 제가 막내죠. 형들과 누나들은 저를 늘 응원해줬어요. 제가 가장 막내였기 때문이죠. 지금은 모두 흩어져 각기 다른 나라에 살고 있지만, 연해주에 계신 부모님을 뵈러 자주 가는 편이에요.

Q. 현재 어떤 연구 중인 주제로 어떤 것들이 있나요?

A. 현재 연구 중인 대상은 한국에서 인구가 줄어들고 있는 압축도시들입니다. 주로 국제 저널에 논문을 발표하고 있고요. 러시아 학계에서도 이 분야에서 제가 좀 유명해졌는지, 제가 졸업한 대학 도서관에서 최근 노어로 된 저의 단행본을 출간했더라고요. 외국의 경우, 얼마 전 북한 전문 저명 학술지에 큰 논문 한 편이 게재되었어요. 그 논문은 2년 전 제가 북한을 방문한 후 쓴 것이지요.

논문에는 북한 도시들의 특징에 방점을 두었으며, 지방의 도시화에 대한 비교 분석을 진행하였어요. 얼마 전 저는 연구를 계속 이어나갈 목적으로 프랑스에서 네덜란드로 건너 왔어요. 학문을 하는 삶이란 끊임없이 변해야 하는 이동 교통수단 같아요.

Q. 이와 같은 논문이 게재된 후에도 북한 재방문이 가능할 것으로 보시나요?

A. 저는 특정한 학술적 방식을 활용해 인구 센서스 결과에 제시된 정부 수치를 이용하였고, 제가 현장에서 직접 본 사실에 근거했을 뿐입니다. 게다가 중립적 입장을 유지하려고 노력하였으므로, 소위 많은 영어권 출판물에서 흔히 접하곤 하는 추잡한 비평을 제 논문에서는 찾아볼 수 없을 겁니다.

Q. 비평이라는 말이 나왔으니 말이에요. 누가 당신의 학문적 어드바이저인가요? 누구에게 학술적 조언을 구하지요?

A. 지금 현재로서는 특정 조언자가 없어요. 여기서 저는 자신에게 스스로를 맡기고 제가 흥미를 느끼는 주제를 연구하지요. 그러다 보니 점점 학제 간 문제에 관심이 많아지고 있습니다. 러시아 과학아카데미 지리학 연구소 산하 사회경제지리학 분과의 경우를 예로 들면, 우리 분과는 상당히 친밀한 집단일 뿐 아니라, 매우 풍요로운 지적 환경을 갖추고 있다고 볼 수 있어요. 모든 질문에 대해 원로 학자들께선 노련한 충고를 해주시고, 제안과 방향성 제고를 아끼지 않으시지요. 무엇보다 중요한 것은 코멘트를 주신다는 겁니다. 이에 대해 저는 너무나도 감사하게 생각합니다. 그분들께서는 진정한 석학들이시거든요.

Q. 정체성이라는 테마에 대해 얘기하자면 말이에요. 한국과 항상 긴밀한 관계를 유지했었나요? 어렸을 때부터 한국어를 듣고 자랐고, 할머니와 이야기도 나누면서 자랐다고 했는데요. 한국에서는 당신을 어떻게 받아들이던가요? 말씀 부탁 드려요.

A. 솔직히 말하면, 대다수가 그냥 한국인처럼 생각하고 있다가, 제가 말을 시작하면 바로 외국인인줄 눈치채는 것 같아요. 저는 항상 제가 고려인이라고 말하고 다녀요. 그러고 나면 모든 게 다 제자리를 찾아가죠 (하하). 학창시절 저는 케이팝을 사랑하고 그들의 옷맵시를 몹시 따랐어요. 학교 선생님들께선 자주 저더러 한국 청소년처럼 보인다고 하셨어요. 지금은 이미 너무나 닮아 있어 구분하지 못할 지경이 된 것 같아요. 한국인들도 저를 종종 자신과 같은 사람으로 받아들이고 말이에요.

Q. 본인 스스로는 어떻게 생각하시나요?

A. 무척 철학적인 질문이네요. 어릴 적 기억을 돌이켜 보면, 제가 10~12살쯤 되었을 적에 아버지랑 축구 경기를 관람하면 전 늘 한국을 응원했습니다. 우리는 한국인이니까 반드시 한국을 응원해야만 한다고 생각했습니다. 그런데 놀랍게도 아버지는 항상 러시아를 응원하셨어요(웃는다). 게다가 지금이야 웃어른을 공경해야 한다는 가부장적 사회규범을 이해합니다만, 우리는 러시아인이기도 하지요. 우리는 러시아에서 교육을 받았어요. 러시아 고등교육기관을 졸업했지요. 그러니까 학창시절을 러시아에서 보낸 사람들이라 할 수 있어요. 따라서 50:50이라고 보면 돼요. 우리의 삶에는 역설적인 면이 있거든요. 어떻게 보면 우린 여기서도 이방인이고, 저기서도 이방인인, 그런 패러독스 말이에요.

엄 파벨. 어머니와 함께, 나홋카에서

한국에 가면 우리를 약간 내려다보는 경향이 있어요. 그런데 러시아에서는 또 나름 제가 가장 자주 듣는 말이 있는데, 저더러 중국인이냐고 물어요. 이 나라에서 태어났고 완전한 권리를 지닌 이 사회의 일원인 저를 보고 말이죠. 어쨌든 저는 한국인과 러시아인 모두에게 이방인으로 남아 있는 것 같아요.

Q. 어떻게 생각해요, 비극인가요 아니면 전진을 위한 동기인가요?

A. 개인적으로 제게 이 모든 것은 엄청난 플러스라고 봅니다. 지속적으로 저를 발전시키는 자극제가 되어주거든요. 우리에게 한국인들의 장점인 근면함이 있는가 하면, 동시에 러시아인들의 영리함도 있어요. 굳이 그걸 교활함이라 말하진 않으려고요, 오히려 생활에의 잔꾀에 가깝죠. 오늘날 고려인 청년들이 이해하는 삶에

대한 개념은 좀 달라요. 우리는 보다 합리적이죠, 러시아에서 학창시절을 보냈기 때문에 어떤 처지에서도 삶에 처한 상황에 신속하고 유연하게 대응합니다.

Q. 스스로 어디에서 좀 더 편안하다고 느끼시나요? 자신의 미래를 어떻게 내다 보나요?

A. 솔직히 말씀 드리면, 한국에서 저는 마치 흰 까마귀 같아요. 왜 그런지는 저도 알 수 없지만요. 주변 사람들은 오히려 그렇게 생각하지 않지만, 전 외모부터 한국인들과 차이가 나는 것 같이 느껴져요. 러시아에서의 우리는 그냥 다른 인종이죠. 제가 말쑥하게 차려 입은 날에도 모스크바에서는 제게 아무렇지도 않게 신분증을 보여달라고 한다는 사실에 늘 조금은 불쾌하단 생각이 들어요. 그런 징후들은 불신이 존재함을 뜻하며, 사람들의 교육과 교양 수준이 좋지 않음을 나타냅니다. 그래서 다민족 환경인 미국에서 미래의 가능성을 더 봅니다. 물론 그곳에도 정도를 넘어서는 부분이 없지는 않겠지만, 전반적으로 모든 사람에 대한 태도는 평등하며, 전 그런 것이 좋습니다.

Q. 얼마 전 파리에서 암스테르담으로 이사하셨다고요. 프랑스의 다민족성과, 자신의 언어와 문화에 상당한 자부심을 느끼는 프랑스인들의 단일 민족성이 마음에 드나요?

A. 프랑스는 역설적 국가예요. 어떻게 보면 아랍인, 아프리카인, 중국인과 같은 이민자로 넘쳐나지만, 또 다른 측면에서 보면 자신들의 언어에만 매몰되어 있어요. 프랑스인들과 교류는 적은 편이지만, 그들에게서 프랑스어를 모르는 이민자들을 무시하는 태도

를 충분히 느낄 수 있어요. 자신들의 모국어를 사랑하기 때문에 그 언어를 제대로 구사하지 못하는 경우엔 견디지 못하죠. 따라서 침묵하거나 영어를 사용하는 편이 낫다고 생각합니다.

Q. 고려인 세대의 미래는 어떨 것 같다고 생각하시나요? 많은 사람들이 겉도는 느낌일거라 말씀하시는데요.

A. 전 세계 여러 곳을 다니면서 세계화 추세를 목도합니다. 세계화 과정은 전 세계적으로 진행되고 있어요. 20년 전 저는, 제가 파리의 한 곳에 앉아서, 도쿄에서 파는 라면과 몹시 흡사한 일본 라면을 먹을 수 있게 될 거라고 상상조차 못 했어요. 유럽도 미국도 이젠 인종적으로 매우 희석되어 모든 문화권 사람들이 함께 사는 거대한 집이 되었습니다. 이제 50년 정도 지나면 인종 및 민족 차별적 관점에서 편안한 환경에 대한 질문은, 지금처럼 그렇게 심각하지 않을 것이며 모든 곳에서 동일할 것으로 저는 생각합니다. 이를 위한 선행단계에 접어든 것이 보여요. 예를 들어, 제가 어쩌다 브라질에서 북한 식당을 찾아냈어요. 20년 전만 해도 있을 수 없는 일이었죠.

Q. 한국 사람들과 교포들 간에 어떤 공통점이 있다고 생각하시나요? 공통점이 있다면 얼마나 많은지요? 현재 한국에서 고려인들에 대한 상황이 매우 심각하게 전개되고 있는데요, 이에 대해서는 어떻게 생각하시는지요?

A. 자신이 자라나는 환경이 그 사람의 인생관을 결정한다고 봅니다. 우리는 판이하게 다른 조건에서 자라났기 때문에 서로를 충분히 이해하지 못하지요. 저는 한국 사람들이 고려인들을 하대한다는

것을 눈치챘어요. 고려인들은 그런 그들을 좋아하지 않죠. 한국 사람들이 미숙하며 앞을 내다보지 못한다고 치부하면서 말이에요. 현대 한국 사회에 크나큰 문제 중 하나가 인구 고령화 및 감소에 대한 전망이에요. 2050년 인구학적 전망을 보면 한국은 인구가 줄어들 뿐 아니라 노령 인구 비율 증가로 인해 납세자 비율이 줄어들어요. 아이러니하게도 이러한 현상은 이 나라의 환상적인 경제 발전으로 인해 생겨났습니다. 하지만 삶의 질과 수준을 포함하는 이 매우 반가운 돌파구에 대해 이야기할 때 많은 사람들은 여성 1인당 평균 출산율이 더욱 급격히 감소한 사실에 대해 말하는 것을 잊어버립니다. 현재 출산율은 평균 1명을 살짝 웃돌고 있고 있기 때문에, 사망자보다 출생자가 적을 경우 조만간 인구의 자연 감소가 진행될 것입니다. 인구 통계학적 문제는 이미 의제로 상정되어 있으며 그 정도는 곧 북한 문제보다 더 심각해질 가능성이 높습니다. 인구 통계학에는 인구 통계학적 전환이론이라는 것이 존재합니다. 전환이론의 첫 두 가지 요소는 여성의 교육 수준이 높아지고, 그들의 경제 활동 참여가 확대되며, 보다 자기 중심적인 가치 체계로 전환되는 현상으로 인해 출산이 줄어드는 과정과 관련이 있어요. 쉽게 설명하자면 국가가 발전함에 따라 사람들은 개인적인 발전을 갈구하게 되므로 가족을 일구고 자녀를 출산하려는 인식 자체를 미루거나 완전히 거두어 버립니다. 이런 과정은 전 세계 어디서나 볼 수 있어요. 인구 통계학적 전환이론의 세 번째 개념은 인구 고령화 상황을 극복하기 위해 외국인 유입이 도움이 될 수 있다는 것인데 아직 유사한 재생산 모델을 실용화하지 못했습니다. 이러한 관점에서 볼 때 러시아어를 모국어로 사용하는 한인들이 한국으로서는 구명정 같을 수 있습니다. 우리는 동일 민족이기 때문이지요. 한국에 재정적 여력이 있을 때 고려인들이 한국어를 배우고, 사회에 적응하는 데 지원을 아끼지 말아야 한다고 생각합니다. 우리 덕분에 한국인들이 인구 문제를 해결할 수 있으니까요. 우리 고려인들에게 가장 큰 문제는 한국어를 모른다는 겁니다. 바로 이 원인으로 인해 대다수 고려인들이 저임금 노동 현장에서 일할 수 밖에 없게 되는 겁니다. 만일 한국말을 잘 하면 완전히 다른 차원의 이야기가 됩니다. 바라건대 이 조치가 조만간 수렴될 조치 중 하나일 거라 봅니다. 그렇지 않을 경우, 한국의 노령화 속도는 한강의 기적이라 불리는 경제적 기적과 비교할 만큼 빠르게 진행될 것입니다.

A. 저는 우리 고려인들 모두 스스로에게 «나는 누구인가?» 라는 질문을 던져보았을 거라 생각합니다. 우리는 유럽에 살면서 유럽 사람들과 결혼을 하고, 우리에 대한 관심은 더욱 커지고 있는 상황에도 불구하고 말입니다. 우리는 구(舊) 소련 국가 출신의, 러시아어로 의사소통을 하고, '고려인식 샐러드'라 불리는 당근 김치 [고려인들이 구하기 힘든 배추 대신 흔한 당근을 채로 쳐 고춧가루, 후추, 소금 등을 양념으로 버무려 만든 김치 - 역자 주]를 먹지만 이런 김치가 있다는 사실을 정작 한국에서는 아무도 모르는(하하), 아시아인 외모를 가진 이상한 사람들입니다. 제가 외국인 친구들에게 고려인들이 어떻게 이쪽으로 오게 됐는지 말해주면 모두 깜짝 놀라요. 이는, 모르긴 해도 구(舊) 소련 국가에서 우리가 살았던 삶이 그들의 뇌리에 역설적으로 비치기 때문이 아닐까 합니다.

글: 김 스베틀라나 사진: 엄 파벨.

«로시스키예 코레이츠이»지에 게재된 글임. 저작권 및 모든 권리가 보호를 받음.

◎ 태권도연맹 나홋카 지부

알렉산드르 키셀료프 두마 의장은 도시관구 의원 이름으로 태권도 연맹 나홋카 지부 소속 선수들이 이뤄낸 성과에 대해 상장을 수여하였다. 보리스 글랏키흐 나홋카 시장은 지난8월 1일부터 5일까지 아르헨티나에서 열린 권위 있는 국제대회에서 우수한 성적을 거두고 돌아온 선수들에게 감사의 인사를 전하였으며 위대한 스포츠 분야 업적에 대해 축하 메시지를 보냈다. 시장은 태권도연맹 나홋카 지부 소속 코치들과 젊은 선수들의 부모님들께 감사의 말씀을 전하며 연설하였다. 《당신들의 승리는 나홋카와 연해주뿐 아니라 러시아 전역을 통틀어 상징적 사건이다.》라며 나홋카 스포츠 발전에 많은 주의를 기울였음을 강조하였다. 《시 행정청은 앞으로도 유소년 및 청년 스포츠 활성화를 목표로 한 활동에 지원을 아끼지 않을 것이다.》 보리스 글랏키흐 시장은 나홋

《노보스티 나홋키 닷루》는 보리스 글랏키흐 나홋카 시장이 도시관구 행정청 강당에서 국제 태권도연맹 태권도 선수권 대회에 출전해 승리를 하고 돌아온 선수들에게 감사장과 명예 증서를 전달하였다고 시 행정청 자료를 인용해 소식을 전하였다. http://nhknews.ru/v-naxodke-vrucheny-nagrady-medalistam-chempionata-mira-po-txekvondo-itf/

카에 풋볼 클럽 《오케안》이 부활하였으며 《말르이 포르트》사가 팀 스폰서로 결정되었다고 전하였다. 상기시켜드리자면, 아르헨티나 부에노스아이레스에서 개최된 국제태권도연맹 세계 태권도선수권대회에는 전 세계 30개국에서 온 1,000명이 넘는 선수들이 참가하여 실력을 겨뤘고, 러시아를 대표하는 16명의 선수 중 9명이 나홋카 출신이었다고 앞서 적은 바 있다. 세계선수권대회 금메달리스트 김 알렉세이와 알렉산드르 기발로, 은메달리스트 리가이 블라디미르, 루슬란 아자로프, 동메달리스트 김 세르게이가 바로 그들이다. 나홋카 선수들은 스파링에서도 자신의 실력을 충분히 보여 주었다. 알렉산드르 기발로와 키릴 파블로프가 은메달을 차지하였으며, 김 세르게이는 동메달을 차지하였다. (김 세르게이 코치의 제자인) 알렉산드르 기발로는 《세계 유소년선수권대회 최우수 선수》 세계 타이틀을 거머쥐는 영예를 차지하였다. 러시아 태권도 역사상 최초로 연해지역 대표 감독이자 국제태권도연맹 총연합회 사회단체 부회장을 맡고 있는 양 드미트리가 《국제 태권도연맹 태권도 공로 및 발전》 훈장을 수여하였다. 국제 태권도연맹 창립자 최홍희의 아들인, 최중화 회장이 직접 시상하였다.

태권도연맹 나홋카 지부 산하에 소속되어 있는 선수는 700명 정도이다. 코치들은 자라나는 세대와 함께 열심히 훈련 중에 있다. 이중 200여 명의 아동은 아주 어릴 적 유치원 시절부터 이 스포츠에 입성한 경우에 속한다. 초중고와 전문대학에 태권도 분과가 개설되었다. 양 드미트리의 말을 인용하면, 세계 태권도선수권대회는 2년에 1번 다양한 나라에서 개최된다고 한다. 2009년부터 나홋카에서 활동 중인 나홋카 연맹으로서는 벌써 다섯 번째 출전하는 선수권 대회이며, 우리 선수들은 훌륭한 무술학교임을 입증이라도 하듯 상대방의 홈 경기에서만 승리를 내어준 이력을 갖고 있다.

2019년 국제대회 우승자들, 나홋카에서

　국제태권도연맹 태권도대회가 중국 연길시에서 개최되었디. 중국, 대한민국, 러시아 선수들이 대회에 출전하였다. 연해지역은 여러 도시와 지구 출신 선수들로 팀이 구성되었다. 나홋카 클럽에서 훈련 받은 40여 명의 유소년 태권도 선수들이 러시아 국가대표로 발탁되었다. 선수들은 자신들의 높은 기량을 아낌없이 발휘하고 다양한 가치에 대한 여러 가지 상과 함께 고향으로 돌아갔다고 «노보스티 나홋키 닷루»는 전달하였다고 시 행정청 자료를 인용해 소식을 전하였다. http://nhknews.ru/15-yunyx-zhitelej-naxodki-privezli-medali-s-mezhdunarodnogo-turnira-po-txekvondo/

　2019년 2월 13일, 국제대회에서 우승한 선수 가운데 15명이 나홋카 출신이다. 게다가 그 중 몇 명은 절대적 챔피언 칭호에 걸맞게 금메달을 2개씩 땄다. 8살된 야로슬라프 폼카는 한꺼번에 다양한 체급에서 3개의 금메달을 획득하였다. 보리스 글랏키흐 나홋카 시장은 이러한 결과를 경이롭다고 일컬으면서, 가장 수준 높은 대회에서 나홋카를 위엄

있게 소개해 준 선수들을 배출하고 그들의 양성에 힘쓴 트레이너들의
노고에 감사를 표하였다. 그는 «이 재능 있는 어린 선수들의 부모님들
께 따로 감사의 인사를 드리고 싶다. 결국 기질과 양육의 근간은 가정
에서 성립되기 때문이다»는 점을 강조하였다.

보리스 글랏키흐는 양 드미트리, 김 세르게이, 김 알렉세이, 김 크리스티나 코치에게 스포츠를 널리 알리고, 건강한 생활 방식을 전파하며, 챔피언 배출에 기여한 점에 대해 나홋카 행정청의 감사장을 전달하였다. 제7번 학교 2학년에 재학중인 야로슬라프 폼카도 탁월한 시합 결과로 수상하였다.

국제태권도연맹 총연합회 러시아 연해지역 부회장 양 드미트리가 말한 것처럼, 중국 파트너들의 초청으로 나홋카 출신 선수들은 벌써 5회째 세계대회에 출전하고 있다. 코치들은 자신의 제자들을 향해 이렇게 말했다. «다다미 혹은 다양으로 나선 모든 선수들은 메달을 땄건 따지 못

했건 간에 제대로 시합에 임했다. 패배하지 않은 자 승리의 참 맛을 알지 못하는 법이다.»라고.

올해로 태권도연맹 나홋카 지부는 10년을 맞는다. 연해주에서 이 스포츠 종목이 성공적인 발전의 첫걸음을 떼기 시작 곳이 바로 나홋카였다.

양 드미트리 세르게예비치는 1984년 11월 21일 태어났다. 국립체육스포츠대학과 국립블라디보스토크대학 경제서비스학과를 졸업하였다. 현재 국제태권도연맹 공인 6단이며, 세계태권도연맹 공인 2단이다. 태권도 국제 교관, A급 국제 심판, 교관 경력 16년, 러시아 챔피언, 유럽 챔피언, 유소년 세계 챔피언 배출, 2007년 이탈리아 세계 챔피언, 캐나다 세계대회 수상자에 빛난다. https://utf-taekwondo.ru/trener-1/

2018년 8월 5일 양 드미트리 세르게예비치는 국제태권도연맹으로부터 명예 훈장을 받았다. 한국에서 온 전설적 인물인, 9회 그랜드 마스터 최중화씨가 직접 수여하였는데, 이로써 그는 태권도 발전에 기여하고, 태권도의 대중화에 이바지하였으며, 트레이너 활동으로 세운 공로를 인정 받았다.

◎ 하바롭스크 변강지역 사회단체 "고려인 청년문화센터 '고려'(KHKOO KNMKTCH 'KORYO')"

등록일자: 2003년 2월20일 https://vk.com/korekhv

단체장: 박 율리야 스타니슬라보브나

창립자: 김병기, 백 올가 쿠세노브나, 최 세르게이 레오니도비치, 텐 예브게니 영구노비치, 김 알렉산드르 세르게예비치

전화번호: +7 (984) 261-30-99

주소: 하바롭스크 디코폴체바 26번지 2호

2007년 7월 7일부터 러시아 사회 관계망 서비스 '프콘탁테'에서 활발한 활동을 펼치고 있다.

고려인 청년문화센터는 극동·시베리아지역 고려인 연합회 (AKODVS)에 소속되어 있다.

극동·시베리아지역 고려인 연합회는 2004년 12월 16일 창립되었다. 하바롭스크 변강지역에서 활동 중인 사회단체들의 민족 간 문화 발전 및 고려인 민족 문화 재생을 위한 각자의 노력을 하나로 통합하고, 나아가 극동연방관구 전역의 힘을 한 데 뭉치는 것이 단체의 주된 목적이다. 극동·시베리아지역 고려인 연합회는 협회에 소속된 회원들을 통해, 사실상 하바롭스크 변강지역에 거주하는 전체 고려인 디아스포라를 커버하는 활동 계획을 세우고 이에 따른 사업을 조직하고 있다.

단체장 - 고려인 연합회 회장 백 블라디미르 니콜라예비치

www.akodvs.ru

https://nko.khabarovskadm.ru/mnogonatsionalnyy—gorod/natsionalnye—obedineniya/
assotsiatsiya—koreyskikh—organizatsiy—dalnego—vostoka—i—sibiri—/

　2018년 고려인 청년문화센터 '고려' 열성회원들이 서울에서 방문한 한국 학생사절단과 만났다. 2열 오른쪽에서 3번째 사람이 극동·시베리아지역 고려인 연합회(AKODVS) 회장을 맡고 있는 백 블라디미르 니콜라예비치 (백구선)씨다.

저널 제5호 – 2011년 (7), 제목: "우리의 작은 조국 – 극동".
http://muniver.khstu.ru/nasha-malaya-rodina-dalnij-vostok/2011/12/19/korejskij-centr-koryo-sohranyaya-tradicii/

박 율리야 – 회장

　　2018년 9월 30일 학술 계몽 프로젝트 '고려, 대중강연' 사업이 구동되었다. 본 프로젝트의 목적은 하바롭스크 주민과 방문객들을 대상으로 한국의 역사, 문화, 전통, 풍습에 대해 알리는 대중화에 있다.

　　2018년 9월 30일 국제문화센터 '아리랑' 창립에 앞서 극동·시베리아지역 고려인 연합회, 하바롭스크 변강 민회, 고려인 청년문화센터 '고려'의 지원을 받아 광장에서 한국의 수확 잔치마당 '추석'이 열렸다.

　　2018년 11월 4일 하바롭스크시 스포츠 레크리에이션 콤플렉스 "플래티넘 아레나" 앞 광장에서 구비민속페스티벌 "러시아는 하나가 된다"가 개최되었다. 본 페스티벌은 러시아의 국가 단합을 돕고, 변강지역 민족들의 인종문화적 발전에 기여할 목적으로 열렸다. 축하 콘서트 프로그램에 테마 극장 공연, 노래와 안무 복합 무대, 단체 플레시몹 《우정의 군무》와 노래 플레시몹 《우리는 하나》가 포함되었다.

　　테마 포토존, 대장간 외 기타 많은 체험존, 플롭, 삼사, 착-착, 파흘라바, 만트이, 돌마, 쿠타브이, 률랴-케밥, 추르치헬라, 오세티야식 만

두 외 기타 많은 민속음식의 전시 및 판매, 야외 부엌 요리, 수공예품 전시 및 판매와 같이 다양한 쌍방향 오락 무대가 마련되었다.

고려인 청년문화센터 '고려' 회원들이 본 페스티벌에 참가하였다. 한국 전통 복식 '한복'을 차려 입은 고려인 여성 회원들은 한국적 아름다움을 한껏 뽐냈으며, 계획된 이벤트의 일환으로 희망자들에 한해 모두 그들과 사진을 찍을 수 있었다.

#kore_khv #Россия_объединяет #день_народного_единства

11월 4일 저녁 극동국립학술도서관에서 열린 '예술의 밤' 행사에 고려인 청년문화센터 '고려'가 참가하였다. 고려인 센터 '고려'의 열성회원인 아름다운 여성들은 부채춤을 선보였으며, 관객들에게는 한국어 글쓰기 마스터-클래스에 참여할 기회가 주어졌다.

#kore_khv #ночьискусств #танецсвеерами #한;글 #우;리는하나 #부;채춤

2018년 11월 4일 고려인 청년문화센터 '고려' 회원들이 하바롭스크에서 열린 민족통합의 날 기념행사에 참가하였다.

2018년 11월 고려인 청년문화센터 '고려' 회원들이 극동국립학술도서관에서 주최하는 '예술의 밤' 행사에 참가하였다. 고려인 여성 회원들은 아름다운 부채춤을 선보였다.

고려인 청년문화센터 '고려', 2018년 11월 4일.

　　고려인 청년문화센터 '고려' 회장을 맡아 활동 중인 박 율리야 스타니슬라보브나는 2018년 11월 11일 열린 제2회 "미스 국가 자산" 변강지역 대회에 참가하였으며, '미스 매력' 칭호를 부여 받았다.

2018년 제2회 "미스 국가 자산" 변강지역 대회에 참가한 우승자들, 하바롭스크시.

하바롭스크 소재 동방언어학교 'East 東 Side'는 2018년 11월 18일 고려인 청년문화센터 '고려' 회원들이 참가하는 만남의 자리를 가졌다.

Январь 2019 г.

https://vk.com/korekhv?w=wall-279881_4611%2Fall

Всем доброго вечера! А у нас хорошие новости в Татьянин день, связанные с Татьяной. Да-да, чудеса бывают... Одна из наших активных членов молодёжного центра "КОРЁ" и участница краевого конкурса "Мисс Достояние нации" (победитель в номинации "Мисс Грация") - Таким образом, Татьяна стала лучшей Татьяной в университете. Поздравляем победительницу и желаем только успехов в жизни!

Татьяна Ким - победительница в студенческом конкурсе Тихоокеанского государственного университета "Татьянин день".

27 февраля 2019 г. в Дальневосточной государственной научной библиотеке состоялся традиционный праздник родного языка «Родной язык — душа народа» для учащейся молодежи города. Традиционный праздник родного языка предназначен для всех, кто любит родной язык и литературное наследие своего народа. В нем приняли участие корейский молодёжный центр "КОРЁ", который представил игру в ют, представители национальных объединений в составе «Ассамблеи народов Хабаровского края», творческие коллективы, деятельность которых способствует сохранению родных языков и формированию межкультурного диалог.